Soziale Zukunft

# Soziale Zukunft

Das bedingungslose Grundeinkommen

Die Debatte

Herausgegeben von Philip Kovce

Verlag Freies Geistesleben

Philip Kovce, geboren 1986, forscht am Basler Philosophicum sowie am Lehrstuhl für Volkswirtschaftslehre und Philosophie der Universität Witten/Herdecke. Er gehört dem Think Tank 30 des Club of Rome an und ist Co-Autor folgender Bücher: *Was würdest du arbeiten, wenn für dein Einkommen gesorgt wäre? Manifest zum Grundeinkommen* (2017); *Was fehlt, wenn alles da ist? Warum das bedingungslose Grundeinkommen die richtigen Fragen stellt* (2015).

**Originalausgabe**

1. Auflage 2017

ISBN 978-3-7725-2878-1

**Verlag Freies Geistesleben**
Landhausstraße 82, 70190 Stuttgart
Internet: www.geistesleben.com


Einbandgestaltung: Thomas Neuerer
Druck: GGP Media GmbH, Pößneck
Printed in Germany

# Inhalt

## *Anhang*

# Vorwort

Das bedingungslose Grundeinkommen bewegt die Gemüter. Ein Einkommen, das in existenzsichernder Höhe, ohne Arbeitszwang, als individueller Rechtsanspruch und ohne Bedürftigkeitsprüfung jedem Einzelnen gewährt wird, scheint den einen längst geboten und den anderen ganz und gar unvernünftig zu sein. So oder so offenbart das Grundeinkommen, dass wir angesichts von Individualisierung und Digitalisierung, von Autonomisierung und Automatisierung neu darüber nachdenken müssen, wie wir das Verhältnis von Arbeit und Einkommen, von Leistung und Verdienst gestalten wollen.

Seit der Unternehmer Götz W. Werner im Dezember 2004 im Lebensmagazin *a tempo* und im April 2005 im Wirtschaftsmagazin *brand eins* ein bedingungsloses Grundeinkommen forderte, erfreut sich die Idee wachsender Aufmerksamkeit. Unzählige Gesprächskreise und Bürgerinitiativen wurden inzwischen gegründet, Kolloquien und Kongresse veranstaltet, Bücher und Filme veröffentlicht. Während die Idee vor gut zehn Jahren den meisten schlicht noch nicht bekannt gewesen ist, so darf als erfolgreiche Alphabetisierung in Sachen Grundeinkommen gelten, dass heute kaum einer mehr keine Kenntnis davon besitzt. Nicht zuletzt die Schweizer Volksabstimmung über die Einführung eines bedingungslosen Grundeinkommens am 5. Juni 2016 verschaffte der Idee weltweit Gehör.

Von der regen Debatte, die das Für und Wider des Grundeinkommens auslotet, zeugt auch der vorliegende Band. Er versammelt 30 Texte von 30 Autoren, die sich wortgewandt an der Grundeinkommensdebatte beteiligen. Der Band bildet die Debatte damit keineswegs vollständig, wohl aber exemplarisch ab. Er lässt nicht nur Argumente dafür und dagegen, sondern außerdem den Tonfall der Debatte anklingen, die überraschende Übereinstimmungen ebenso bereithält wie ärgerliche Missverständnisse. Einige der hier abgedruckten Texte sind bereits andernorts erschienen und dürfen freundlicherweise erneut veröffentlicht werden, andere Texte wurden gleichermaßen freundlich gesondert für diesen Band verfasst.

Es gibt sehr viele und sehr unterschiedliche Gründe, die für und gegen ein bedingungsloses Grundeinkommen sprechen. Oftmals sind diese Gründe interessanter als der bloße Umstand, dass jemand nun dafür oder dagegen ist. Das bedingungslose Grundeinkommen erweist sich als eine Idee, die über sich selbst hinausweist: Das Grundeinkommen will nicht einfach umgesetzt werden, sondern ermöglicht, dass wir uns darüber abstimmen, wie wir künftig miteinander leben und arbeiten wollen. Das Grundeinkommen zeugt von einer offenen Zukunft, die wir gemeinsam gestalten können. Dieses Freiheitsversprechen führt aus der Phantasielosigkeit der alternativlosen Gegenwart hinaus.

Weihnachten 2016 *Philip Kovce*

# Gegen die Menschenwürde

*Von Heinrich Alt*

Da soll noch einer behaupten, die Vorstände deutscher Unternehmen hätten keine Ideen mehr. Gab es jahrelang nur einen exotischen Protagonisten aus der Wirtschaft (den Gründer der Drogeriekette *dm*, Götz W. Werner), der dafür war, so breitet sich gegenwärtig die Idee wie ein Virus aus – fast wäre man versucht, mit Karl Marx zu sagen, ein Gespenst geht um in Europa: das bedingungslose Grundeinkommen. Die Vorstände Kaeser (Siemens) und Höttges (Telekom) haben sich inzwischen als Befürworter geoutet, wie viele andere folgen noch?

Hannah Arendt (1958) hat es schon geahnt, Ralf Dahrendorf (1980) war sich sicher: Der Arbeitsgesellschaft geht die Arbeit aus. Hintergrund der Sorge waren Innovationsschübe, verbunden mit einem Strukturwandel und der Befürchtung, Millionen wegrationalisierter Arbeitsplätze seien nicht zu kompensieren. «Arbeit 4.0» ist jetzt die Chiffre, um das Thema wieder auf die Bühne zu ziehen. Digitalisierung und Automation werden die Produktion zumindest von Waren automatisch erledigen, die menschliche Arbeitskraft wird überflüssig. Wir entledigen uns der Sorge, Menschen sinnstiftend zu beschäftigen, wir schenken ihnen, wovon schon Aristoteles geschwärmt hat: die *vita contemplativa*.

Kein Streit mehr um «sozialverträglichen» Arbeitsplatzabbau, keine Tarifverhandlungen, keine Streiks mehr. Betriebsräte und Gleichstellungsbeauftragte werden nicht mehr gebraucht. Der Mensch arbeitet nur noch, wenn er Lust dazu hat. Seine Existenz, sein Überleben ist durch das Grundeinkommen gesichert. Keine asymmetrischen Arbeitsbeziehungen mehr. Der von Existenznöten befreite Bürger verhandelt auf Augenhöhe mit Arbeitgebern. Kündigungsschutz, Lohnfortzahlung im Krankheitsfall, Urlaubsgeld, Kurzarbeit – vieles, was in der Vergangenheit Betriebe und Unternehmen unnötig belastet hat, fällt endlich weg. Schöne neue Arbeitswelt. Werden bei dieser süffigen Idee vielleicht nicht ein paar Kleinigkeiten übersehen?

Noch ist die Produktivität der arbeitenden Bevölkerung Quelle aller Wertschöpfung, nicht der Roboter. So berechtigt die Befürchtungen bei allen Innovationsschüben waren, immer lag ein Wahrnehmungsdilemma zugrunde: Wir sehen, was wegfällt, wir erkennen aber kaum, was Neues entsteht. Hannah Arendt ahnte nichts vom Silicon Valley und vom Handy, Dahrendorf kannte weder das Internet, noch Google oder Facebook. Wäre es nicht denkbar, dass Verteidigungsministerin von der Leyen bald mehr Menschen für Cybersicherheit braucht als durch «Industrie 4.0» ihren Job verlieren?

Das Allzeithoch der Erwerbstätigkeit auf dem deutschen Arbeitsmarkt, nicht nur gezählt in Köpfen, sondern auch in geleisteten Arbeitsstunden gemessen, widerspricht allen Prognosen einer Gesellschaft ohne Arbeit. Führen wir nicht auch eine Debatte mit umgekehrtem Vorzeichen? Der Wirtschaft fehlen Fachkräfte und die Demographie wird zur Gefahr. Wenn die Verfechter des Grundeinkommens ihre Idee ernst meinen, wären ein paar detailliertere Gedanken hilfreich, ohne auf die aberwitzigen Finanzierungsvorschläge einzugehen. Wie verhält es sich mit Rente und Krankenversicherung, wer zahlt Beiträge, wer nicht? Gibt es noch Unterhaltsverpflichtungen für eigene Kinder oder wird das eine Aufgabe der Gesamtgesellschaft? Bekommen Mieter und Wohnungseigentümer den gleichen Betrag?

Heißt Grundeinkommen letztlich nicht schlicht, dass sich die Wirtschaft jeder Verantwortung gegenüber den Erwerbsfähigen entledigt? Was ist mit denen, die sich nicht mit dem Grundeinkommen abfinden möchten, aber keine Arbeit finden, weil sie weniger qualifiziert, weniger produktiv, behindert oder älter sind? Rufen wir ihnen zu: «Ihr gehört leider zum überschüssigen Arbeitsangebot, aber da ihr auf der Welt seid, lassen wir euch nicht verhungern.» Ist das die humane Idee hinter dem Grundeinkommen? Meine Lebenserfahrung sagt mir, Arbeitslose leiden nicht darunter, wieder arbeiten zu müssen, sie leiden darunter, nicht arbeiten zu können. Woraus leiten sich Anerkennung und Status ab, wie bleibt man Vorbild für seine Kinder?

Was bedeutet das bedingungslose Grundeinkommen für unser Bildungssystem, gilt auch hier schon das Versprechen eines anstrengungslosen Glücks? Braucht es noch eine Schulpflicht, werden Noten noch ernst genommen? Wer jemals eine Werkstatt für behinderte Menschen besucht, mit ihnen gesprochen und sie bei der Arbeit gesehen hat, weiß: Arbeit ist mehr als Mühe und Last. Wer arbeitet, ist ein vollwertiges Mitglied der Gesellschaft, wer arbeitet, gehört dazu. Soll Erwerbsarbeit zu einem Privileg für wenige werden? Werden diejenigen, die früher nicht arbeiten mussten, zu denen, die arbeiten dürfen, und die, die früher arbeiten mussten, zu denen, die nicht mehr arbeiten können?

Das bedingungslose Grundeinkommen mag sich paradiesisch für einige gegängelte Querdenker und Tagträumer anhören, für die überwiegende Mehrheit bleibt es eine Horrorvision. Wachstum und Strukturwandel in einer «freien» Marktwirtschaft führen nicht automatisch zu sozialem Zusammenhalt. Daher besteht ein Konsens für das Modell der sozialen Marktwirtschaft als Wirtschaftsordnung. Sie beinhaltet das Versprechen, Effizienz und Gerechtigkeit auszubalancieren.

Politik und Wirtschaft müssen auch denen Lebensperspektiven anbieten, die nur eingeschränkte Chancen auf Beschäftigung haben. Beteiligungsgerechtigkeit ist ein konstitutives Element unserer Wirtschaftsordnung und eine Frage der Menschenwürde. Jeder hat einen Anspruch auf wirtschaftliche Beteiligung. Jeder wird gebraucht. Kein Talent darf übersehen werden, wenn wir unseren Wohlstand erhalten wollen. Um seiner Selbstachtung willen erhält jeder das Angebot, seine Fähigkeiten zu entfalten und seinen Lebensunterhalt durch eigene Arbeit zu bestreiten.

Wer gute Arbeit für viele will, muss sich auch ethisch schwierigen Abwägungen stellen: Wer wird als «erwerbsfähig» definiert, welcher Mindestlohn ist marktgerecht, welche Einkommensspreizung sind wir bereit zu akzeptieren? Zugegeben eine anstrengendere Übung als die Alimentation scheinbar Unproduktiver. Wir leben in prosperierenden, aber unsicheren Zeiten. Viele Menschen suchen nach Orientierung. Der Wettlauf in die Vergangenheit und Utopien sind keine überzeugenden Antworten. Es wäre wunderbar, wenn die Manager, die sich in Richtung Grundeinkommen verlaufen haben, zu ihrer Kernaufgabe zurückfänden, nämlich mit Kreativität und Tatkraft Dienstleistungs- und Produktionsprozesse so zu gestalten, dass im Sinne guter Arbeit möglichst viele mittun können. Menschen lediglich finanziell abzusichern, mag auch ehrenhaft sein, aber es hat weder etwas mit sozialer Marktwirtschaft noch mit der Menschenwürde zu tun.

# Mut zur Revolution

*Von Dieter Althaus*

Kinderarmut, Altersarmut, Erwerbseinkommen, die nicht mehr existenzsichernd sind, und die Entwicklung hin zu einer Zwei-Klassen-Medizin stärken das Misstrauen in den Bestand der sozialen Sicherungssysteme. Und, was noch schlimmer ist, auch die Akzeptanz der freiheitlichen demokratischen Grundordnung leidet darunter. Wir Politiker erwecken gerne die Hoffnung, es werde schon alles gut, und alles könne im Prinzip so bleiben, wie es ist. Stimmt das wirklich?

Welche Konzepte verfolgen wir, wenn wir davon sprechen, dass man «die soziale Marktwirtschaft erneuern» müsse? Es ist falsch, nach dem Motto «Die Rente ist sicher» eine nicht vorhandene Sicherheit vorzugaukeln. Es reicht auch nicht aus, nur die Herausforderungen aufzuzeigen, ohne eine konkrete Lösung anzubieten. Mit meinem Vorschlag eines Solidarischen Bürgergeldes habe ich ein Konzept eingebracht, das Antworten gibt.

Das Solidarische Bürgergeld ist ein bedingungsloses Grundeinkommen in Höhe des soziokulturellen Existenzminimums für die Bevölkerung in Deutschland. Auf alle Einkünfte wird eine einheitliche Einkommensteuer von 25 Prozent erhoben. Die Steuerschuld wird mit dem Bürgergeld verrechnet. Das Bürgergeld sinkt mit wachsenden eigenen Einkünften. Ist die Steuerschuld höher als das Bürgergeld, wird tatsächlich Einkommensteuer an das Finanzamt bezahlt. Ist die Steuerschuld niedriger als das Bürgergeld oder fällt gar keine Einkommensteuer an, wird das Bürgergeld oder der entsprechende Anteil des Bürgergeldes als sogenannte Negativsteuer ausbezahlt.

Das Solidarische Bürgergeld ist gleichzeitig auch eine Bürgergeldrente. Niemand ist mehr auf die Rentengrundsicherung angewiesen. Das Solidarische Bürgergeld für Minderjährige wird den Eltern ausbezahlt. Es ist ein Kinderbürgergeld, das das bisherige Kindergeld ersetzt und zu einer deutlichen Stärkung der materiellen Grundlagen der Familien in Deutschland beiträgt. Das Bürgergeld hilft ebenso, Angebote der außerhäuslichen Kinderbetreuung zu finanzieren wie es auch Familienarbeit honoriert.

Die Vorteile der Bürgergeld-Systematik liegen auf der Hand: Arbeit wird brutto billiger, weil die Lohnzusatzkosten für die Arbeitnehmer ganz und für die Arbeitgeber zur Hälfte wegfallen. Der Sachverständigenrat der Bundesregierung hat festgestellt, dass das Solidarische Bürgergeld «zu massiven positiven Arbeitsplatzangebotseffekten» führt. Das Solidarische Bürgergeld als Mindesteinkommen ist wirkungsvoller als der Mindestlohn. Anders als der Mindestlohn, der nach Auffassung mancher Fachleute Beschäftigung gefährdet, werden durch das Solidarische Bürgergeld mehr Arbeitsplätze geschaffen. Aber auch finanziell haben die Arbeitnehmer von einem Mindesteinkommen mehr als von einem Mindestlohn.

Man schätzt, dass in Deutschland jährlich rund 50 Prozent

mehr Arbeitsstunden an Familien- und ehrenamtlicher Arbeit geleistet werden als an Erwerbsarbeit. Wenn mit dem Solidarischen Bürgergeld nicht nur jede Erwerbsarbeit, sondern auch jede andere Arbeit zu einem existenzsichernden Einkommen führt, wird Arbeit auch umfassender definiert und geschätzt. Manche unproduktive Tätigkeit wird gut bezahlt, viel produktive Arbeit erfolgt unentgeltlich. Mir ist wichtig, dass auch sie existenzsichernd ist.

Millionen Mitbürger, die eigentlich bedürftig sind, erhalten keine sozialen Leistungen, weil sie sie – aus welchen Gründen auch immer (zum Beispiel Scham) – nicht beantragen. Andere erhalten Sozialleistungen, obwohl sie nicht bedürftig sind. Weil es in Abhängigkeit zu den eigenen Einkünften fordert (Einkommensteuer) und fördert (Negativsteuer/Bürgergeldauszahlung), ist das Solidarische Bürgergeld bedarfsgerecht. Das Kinderbürgergeld ist deutlich höher als das derzeitige Kindergeld, das das Existenzminimum eines Kindes nicht sichert. Das Solidarische Bürgergeld ist auch eine Grundrente und schützt damit vor Altersarmut. Die gesetzliche Rentenversicherung, private Altersvorsorge und Betriebsrenten sichern, dass der Zusammenhang von Alterslohn für Lebensleistung erhalten bleibt.

Wenn man in Deutschland eine Idee kaputt machen will, wirft man ihr vor, verfassungswidrig und nicht finanzierbar zu sein. Mehrere Studien weisen nach, dass das Solidarische Bürgergeld grundgesetzkonform umgesetzt werden kann und finanzierbar ist. Selbst der Sachverständigenrat der Bundesregierung bescheinigte dem Konzept, dass es prinzipiell umsetzbar und finanzierbar ist. Mit den typischen Totschlagargumenten muss mir also niemand kommen. Zumal ein

Grundeinkommen verhindert, dass soziale Ängste geschürt werden. Demagogen haben wenig Chance, wenn jeder weiß, dass niemand unter das soziokulturelle Existenzminimum fällt.

Die Soziale Marktwirtschaft setzt auf die Risikobereitschaft des Einzelnen. Das Solidarische Bürgergeld stärkt die Bereitschaft, Risiko auch als Chance zu begreifen. Weil man nicht unter das Existenzminimum fällt, wird man eher bereit sein, ein Risiko einzugehen, kreativ zu sein. Statt Zwang und Kontrolle wird durch Vertrauen und Anreiz motiviert. Das Solidarische Bürgergeld ist kein Sofa, sondern ein Sprungbrett.

Da fast alle Parteien Grundeinkommensmodelle diskutieren; da der Sachverständigenrat der Bundesregierung sich intensiv, kritisch, aber auch differenziert mit diesem Thema auseinandergesetzt hat; da die Idee in der Bevölkerung auf immer mehr Zuspruch stößt, bleibt das Solidarische Bürgergeld auf der Tagesordnung der Politik. Wir brauchen den Mut zu einer sozialpolitischen Revolution, wenn uns die Zukunft Deutschlands am Herzen liegt.

# Fairness ist Zufall

*Von Jakob Augstein*

Angela Merkel herrscht in der Dreifaltigkeit des modernen Kapitalismus: Einem Drittel von uns geht es gut, ein Drittel fühlt sich bedroht – und ein Drittel wird abgeschrieben. Wer länger als ein Jahr arbeitslos ist, stürzt in die wachsende Masse derer, die die Ökonomen «Surplus-Bevölkerung» nennen: die Überflüssigen.

Als sich Regierung und Opposition zum neuerlichen Hartz-IV-Palaver trafen, ging es um ein paar Euro weniger für Zigaretten und ein paar Euro mehr für Mineralwasser. Nicht einmal darüber konnten sich die Parteien einigen. Dabei haben sie über die eigentliche Frage gar nicht geredet: Wie die systematische Entwürdigung von Millionen von Menschen beendet werden kann.

Hartz IV verstößt gegen das Grundgesetz. Das hatte das Bundesverfassungsgericht am 9. Februar 2009 festgestellt. Die höchsten Richter hatten das mit Artikel 1 begründet, der von der Würde des Menschen handelt, und mit Artikel 20, dem Sozialstaatsprinzip. Das sind keine Kleinigkeiten. Das Gericht befand, dass der deutsche Staat seinen Armen kein «menschenwürdiges Existenzminimum» garantiere und dass über die «physische Existenz» hinaus auch ein «Mindestmaß an Teilhabe am gesellschaftlichen, kulturellen und politischen Leben» zur Würde des Menschen gehöre. Das Gericht hat also daran erinnert, dass auch in der Ära der Globalisierung nicht die Dritte Welt der Maßstab für die Beantwortung der Frage ist, was wir uns unter einem Sozialstaat vorstellen. Es genügt nicht, wenn hier niemand verhungert.

Deutschland ist ein Land geworden, in dem solche Erinnerungen notwendig sind. Eine «rohe Bürgerlichkeit» hat der Bielefelder Soziologe Wilhelm Heitmeyer in seiner Stimmungsstudie *Deutsche Zustände* festgestellt. Wir haben das Bild eines Landes gesehen, das von Angst, Wut und Zynismus geprägt ist. Die Armut nimmt zu, in all ihren Formen: die soziale am unteren Rand der Gesellschaft, und die emotionale am oberen. Vom «eisigen Jargon der Verachtung» der Eliten sprach der Soziologe. Es ist Sarrazins Kälte, die sich breitgemacht hat in Deutschland.

Die verheerenden Hartz-IV-Gesetze, die das Wort Reform nicht verdienen, waren ein Schritt auf dem Weg in dieses frostharte Land. Hartz IV ist eine dauernde Perversion. Hartz IV macht aus ehrlichen Leuten, die Arbeit suchen, Spezialisten für Anträge und Ausnahmen und Rechtswege, Experten für Bedarfsgemeinschaften, Überbrückungsgelder und Regelsatzverordnungen. Diese Perversion muss ein Ende haben.

Der Sozialstaat hat einem Drittel seiner Bevölkerung gleichsam den Gesellschaftsvertrag gekündigt. Damit hat sich die Geschäftsgrundlage geändert. Die großen Parteien streiten um immer heiklere Verstrebungen, mit denen dieser sonderbare Sozialstaat gestützt werden soll, um immer irrsinnigere Regelungen, mit denen eine Gerechtigkeit im Einzelfall hergestellt werden soll, die im Ganzen längst verloren ist. Bald wird eine ausufernde Sozialstaatsbürokratie für die Frage zuständig sein, welches Kind Gitarrenunterricht bekommt und welches Flöte spielen darf.

Der Sozialstaat ist verdreht worden, es ist Zeit, ihn vom Kopf auf die Füße zu stellen. Zeit für das Grundeinkommen. 800 Euro für jeden. Und es möge niemand mit dem Leistungsethos einer vergangenen Epoche kommen. Oder mit dem Einwand, das Grundeinkommen sei unfair gegenüber jenen, die schwer für ihr Geld arbeiten. Leistung und Fairness sind nun gerade nicht mehr die prägenden Prinzipien unseres Systems.

Es besteht zwischen Verdienst und Leistung keine Verbindung, und Fairness ist in diesem System Zufall. Der moderne Kapitalismus hat diese Werte über Bord gespült. Das Grundeinkommen aber gibt den Menschen ihre Würde zurück.

# Frei von Arbeit?

*Von Daniel Binswanger*

Es wird gestritten über die Finanzierbarkeit, die Effekte auf die Zuwanderung, den Prozentsatz der Bevölkerung, der sich in die Hängematte legen würde. Im Kern geht es bei den Diskussionen um das bedingungslose Grundeinkommen jedoch um eine Wertefrage. Darin liegt die Provokation – oder die Verheißung. Die bürgerliche Welt ruht auf zwei ideellen Pfeilern: dem Freiheitsethos und dem Arbeitsethos. Indem das Grundeinkommen den Menschen gerade dadurch mehr Freiheit verspricht, dass es sie vom Zwang zu arbeiten entbindet, trifft es den bürgerlichen Wertekanon an einem neuralgischen Punkt.

Schon bei John Locke gründet das Eigentumsrecht darauf, dass der Mensch sich durch Arbeit ein Recht auf Besitz erwirbt. Der Eigentumsbegriff der Feudalgesellschaft – ein gottgegebenes Standesprivileg – wird dadurch zurückgewiesen. Das Bürgertum ist fleißig – und rechtfertigt dadurch seinen Machtanspruch. Es pocht auf seine Freiheitsrechte, weil es sich diese Rechte erarbeitet hat.

Arbeit wird in der Folge zum selbstverständlichen Medium der Selbstverwirklichung, zum natürlichen Bestreben des freien Bürgers. Auch Karl Marx steht auf dem Standpunkt, dass der Mensch sich allein durch Arbeit frei verwirklicht –

nur dass durch die Arbeitsteilung im Industriezeitalter diese Selbstverwirklichung zur Selbstentfremdung werden und statt Freiheit *de facto* Zwang bedeuten kann.

Denn materielle Abhängigkeit macht unfrei. «Menschen in materieller Bedrängnis sind keine freien Menschen», sagte Franklin D. Roosevelt in einer seiner großen Reden. Niemand dürfte bestreiten: Wer auf ein Arbeitseinkommen angewiesen ist, ist in seiner Freiheit eingeschränkt. Wie viele Ausbildungen werden nicht gemacht, wie viele Lebenspläne nicht verwirklicht, weil stattdessen Geld verdient werden muss? Wenn der höchste bürgerliche Wert die Freiheit ist, warum soll es dann moralisch so unabdingbar sein, dass der Bürger ökonomischen Zwängen unterworfen bleibt?

Die Antwort ist in der Regel zweigleisig: einerseits, weil politische Unfreiheit (also staatliche Umverteilung) noch schlimmer sein soll als ökonomische Unfreiheit. Andererseits, weil der Zwang zur Lohnarbeit in Tat und Wahrheit doch eine Befreiung, eine Chance zur Selbstverwirklichung darstelle.

Das Problem mit dem zweiten Teil des Arguments liegt allerdings darin, dass es an einer elitären Verzerrung leidet. Es mag sein, dass es für den größeren Teil der Werktätigen letztlich ein Segen ist, wenn sie einem Erwerb nachgehen müssen. Es gibt aber eine Menge stumpfsinniger Tätigkeiten, die mit Selbstverwirklichung nun wirklich nichts zu tun haben und nur aus wirtschaftlichem Zwang erledigt werden. Haben diese Arbeitnehmer kein Recht auf Selbstbestimmung? Sind sie vom *pursuit of happiness* ausgeschlossen? Grundwerte sollten doch für alle Mitglieder der Gesellschaft gelten.

Das Dilemma wird in der Regel entschärft, indem es den

Betroffenen selber angelastet wird, wenn sie einen bloßen Brotjob machen müssen. Sie haben sich auf dem freien Arbeitsmarkt eben nicht durchgesetzt. Aber es wird immer eine beträchtliche Gruppe von Verlierern geben, die durch Arbeit nicht befreit, sondern entmündigt werden. Die Behauptung, sie seien selber dafür verantwortlich, hat etwas Zynisches. Dient das Gerede von der Freiheit nur dazu, einen Teil der Bürger in einem Zwangssystem einzusperren?

Die Verlierer nehmen zu. Der Soziologe Richard Sennett hat sich schon früh dafür interessiert, unter welchen Bedingungen auch ein einfacher Job wie zum Beispiel Monteur an einem Fließband eine sinnvolle, erfüllende Tätigkeit sein kann. Er kam allerdings schon vor zwanzig Jahren zum Schluss, dass die Veränderungen der Arbeitswelt, in der auf niedriger Qualifikationsstufe immer weniger spezifische Kompetenz gefragt und immer weniger Autonomie zugestanden wird, Lohnarbeit zunehmend in «Bullshit-Jobs» verwandeln. Gleichzeitig nehmen die Arbeitszeiten seit den Achtzigerjahren wieder zu oder sinken jedenfalls kaum mehr. Bis Ende der Siebzigerjahre war es selbstverständlich, dass die Arbeitszeiten kontinuierlich fielen, das Leben jenseits der Berufswelt immer wichtiger wurde. Heute erscheint dieser Gedanke utopisch.

Die Harmonie von Arbeit und Freiheit, welche das Wertefundament unserer Gesellschaft bildet, dürfte mehr und mehr zu einem Privileg, für viele zur bloßen Illusion werden. Deshalb ist es eine so fürchterliche Provokation, wenn plötzlich die Schweizer Volksinitiative für ein bedingungsloses Grundeinkommen verkündet: Wir machen jetzt Ernst mit der bürgerlichen Freiheit – Freiheit vom Zwang zur Arbeit.

# Wahnsinn mit Methode

*Von Norbert Blüm*

Ein Bürgergeld wird vorgeschlagen, wie immer wieder zu hören ist. Das ist der neueste Hit aus dem schier unerschöpflichen Reservoir der Reformer, die alles anders machen wollen. Das Bürgergeld soll eine Pauschale sein, die der Staat an alle zahlt. Jeder bekommt einen Schlag aus der Gulaschkanone, die an die Stelle des Sozialstaates tritt.

Das Bürgergeld ist ein staatlicher Einheitslohn. Für die einen wird das ein Hungerlohn sein und für die anderen, die es nämlich gar nicht nötig haben, ein Trinkgeld. Ob Arm oder Reich: Vor dem Bürgergeld sind alle gleich. Das Bürgergeld ist die Dampfwalze, die den Sozialstaat plattmacht.

Das «arbeitslose» Grundeinkommen, welches Bürgergeld genannt wird, verstößt gegen alles, was wir über Gerechtigkeit und Solidarität gelernt haben. Es kämmt alle über den gleichen Kamm. Das Zeitalter der Gleichmacherei hat begonnen. Pauschalen verletzen das Gerechtigkeitsgefühl. Das musste die CDU/CSU mit ihrer Kopfpauschale bei der Bundestagswahl 2005 bitter erfahren. Einen Fehler einmal machen kann Pech sein. Ihn zu wiederholen ist jedoch Dummheit.

«Mehr Staat – mehr Nivellierung» galt früher als Teufelszeug in der CDU/CSU. Jetzt schlägt Dieter Althaus ein

Bürgergeld vor. Das Bürgergeld verstößt gegen die Gerechtigkeit, weil die Gerechtigkeit verlangt, Gleiches gleich und Ungleiches ungleich zu behandeln. Bürgergeld und Kopfpauschale dagegen behandeln Ungleiches gleich. Der Chauffeur und sein Chef zahlen die gleiche Pauschale und erhalten das gleiche Bürgergeld. Das widerspricht allem, was der gesunde Menschenverstand unter Gerechtigkeit versteht.

In der Sozialversicherung gilt das Prinzip der Gegenseitigkeit, das in der Rentenversicherung noch durch den Grundsatz der Äquivalenz präzisiert wird: Leistung für Gegenleistung, Rente für adäquaten Beitrag. Wer länger und höhere Beiträge zahlt, erhält eine höhere Rente als der, welcher kürzer und niedrigere Beiträge gezahlt hat. Die Rentenleistung entspricht proportional der Beitragsleistung. Dieser Zusammenhang entspricht der Leistungsgerechtigkeit und stützt die Leistungsbereitschaft in unserem Sozialsystem. Rente ist kein Altersalmosen, sondern Alterslohn für Lebensleistung. Das hat die Rentenversicherung von der Fürsorge unterschieden. Das alles soll jetzt annulliert werden.

Die Entkoppelung von Erwerbsarbeit und Sozialleistungen nimmt aus dem Sozialstaat den Anreiz zur Leistung. Das Bürgergeld unterminiert die Motivation zur Arbeit. Es wird im Gegenteil sogar den Ausschluss aus der Arbeit befördern, weil auch ohne Arbeit derjenige, der arbeiten könnte, ein staatliches Einkommen garantiert bekommt. Der Staat beschafft sich dabei noch ein gutes Gewissen. Schließlich wird ja niemand verhungern. Das allerdings reicht zur Rechtfertigung des Sozialstaates noch nicht aus. Der hat nicht nur mit Barmherzigkeit zu tun. Er ist auch der Gerechtigkeit verpflichtet.

Der Fürsorgestaat interessiert sich nicht für Arbeit und Leistung. Das Bürgergeld als bedingungsloses Grundeinkommen forciert den Ausschluss und den Ausstieg aus der Arbeit. Wer Arbeit und Einkommen trennt, erhöht die Fremdbestimmung und vergrößert die Abhängigkeit vom Geldgeber Staat.

Mit dem staatlichen Almosen wird außerdem der freie Fall der unteren Lohngruppen programmiert. Es gibt kein Halten mehr. Auf die unteren Lohngruppen muss fortan in den Unternehmen nicht mehr geachtet werden. Der Staat bezahlt einen Mindestlohn. Das Bürgergeld ist ein Pendant zur Lohnsubvention. Die Arbeitgeber können leichten Herzens Hungerlöhne zahlen. Mit Kombilöhnen wird bereits die neue Arbeitsteilung zwischen Staat und Wirtschaft geübt. Die also auszogen, wie zum Beispiel die CDU, weniger Staat zu schaffen, bringen das Gegenteil zustande. Der Weg zur Hölle ist mit guten Vorsätzen gepflastert.

Die Einrichtung des Bürgergeldes wird mit dem Vorteil angepriesen, dass der Staat viele Milliarden spart, weil es keine weiteren Sozialleistungen gibt. Da werden sich Deutschlands Großverdiener aber freuen. Die Ersparnis kann gar nicht von den «Besserverdienenden» kommen, denn sie erhielten ja keine Sozialleistungen. Wo nichts ist, kann auch nichts gespart werden. Die Ersparnis kommt also von denen, die bis dahin höhere Sozialleistungen erhielten als das Bürgergeld, das die Sozialleistungen ersetzt.

Die Reichen bekommen eine Leistung, die sie gar nicht gefordert haben, und die Schwächeren verlieren eine Unterstützung, auf die sie angewiesen sind. Die einen erhalten also, was sie gar nicht wollen, und die anderen sparen – was sie nicht können. Es sparen die Ärmeren für die Reicheren. «Die Starken für die Schwachen», dieser Grundsatz galt bisher. Er wird jetzt umgedreht. Das ist eine Solidaritätsordnung für Geisterfahrer.

Mit der Ersparnis geht es im Übrigen auch nicht so schnell, wie die schnellen Erfinder des Bürgergeldes angeben, denn die Rentenversicherung muss vorerst weiter Rente bezahlen. Wer Beiträge gezahlt hat, hat nämlich einen eigentumsgeschützten Anspruch auf Rente, der nicht einfach annulliert werden kann. Also mit dem Übergang vom Sozialstaat zum Fürsorgestaat geht es nicht so glatt, wie seine Befürworter planen. Es wird so lange die alte Rente gezahlt, bis der letzte Beitragszahler die Tür zugemacht hat.

Gewinner der Einführung des Bürgergeldes werden die Privatversicherungen sein. Denn sie treten an die Stelle der Sozialversicherung. Diejenigen, denen das Bürgergeld für ihren Lebensstandard nicht ausreicht und die sich für die verlorene Sozialversicherung eine private Vorsorge leisten können, werden sich in die Obhut der Privatversicherung flüchten. Die Privaten erben die Kundschaft der Sozialversicherung, jedenfalls die bessergestellte. Das wird ein Milliardengeschäft für Allianz & Co. Hinter dem ganzen Getöse um das Bürgergeld steckt ein handfester Lobbyismus. Oberhalb des Bürgergeldniveaus können sich die Privatversicherungen austoben. Das ist ein Bombengeschäft!

Die kapitalgedeckte Sozialpolitik ist eine börsenorientierte Sozialpolitik. Diese schafft nicht mehr soziale Sicherheit, sondern ist allen Turbulenzen der Spekulation ausgesetzt. Der große Kladderadatsch der privatisierten Sozialpolitik steht noch bevor. Das Erdbeben der kapitalgedeckten Privatversicherung kündigt sich weltweit an. Große Pensionsfonds sind in Zahlungsunfähigkeit geraten oder davon gefährdet.

Die börsenorientierte Sozialpolitik ist das Quellgebiet für einen Finanzkapitalismus, der sich von Arbeit und Wertschöpfung weitgehend emanzipiert hat. Finanzströme umkreisen den Erdball ohne Ankerplatz für Investitionen. Investitionsloses Kapital vagabundiert auf den Finanzmärkten. «Arbeitsloses» Geld gibt es in Hülle und Fülle. Es liefert das Heizmaterial für Spekulationen. Hedgefonds sind Wettbüros, die an Unternehmensbestand und -entwicklung wenig interessiert sind, an den Arbeitsplätzen überhaupt nicht.

Diese Finanzvagabunden unterminieren eine personale Unternehmenskultur. Unter dem Ansturm des Finanzkapitals geraten die Unternehmen in Gefahr, zu virtuellen Gebilden degradiert zu werden. Das Management verwandelt sich zu Funktionären der Börse. Große Unternehmen entpuppen sich als eine Logistikabteilung, die vornehmlich einen Warenstrom organisiert, dessen Produkte anderswo hergestellt, lediglich zugeliefert, um dann unter dem Logo des Unternehmens verkauft zu werden. Den Rest macht das Marketing. Das wird nicht lange gut gehen. Aber dass ausgerechnet mit Hilfe der Finanzmittel des Sozialstaates Unternehmen ramponiert, Verlässlichkeit eliminiert und die Arbeit entwertet werden soll, zählt zu den Paradoxien der Zeit.

Es gehört zur Emanzipationsgeschichte der Arbeiterbewegung, dass der Sozialstaat sie aus der Obhut eines Obrigkeitsstaates befreite, indem er die Sozialversicherung als solidarische Selbsthilfe organisierte. Der Sozialversicherung liegt das Prinzip der Selbstverwaltung zugrunde, das zugegebenermaßen schwächer geworden ist und wieder stärker ausgebaut werden muss. Zwischen den Extremen der Staatsversorgung auf der einen und der privaten Alleinversorgung auf der anderen Seite muss eine selbstverwaltete Sozialversicherung als Institution der subsidiären Solidarität gestärkt werden. Weder Privatisierung noch Verstaatlichung ist der Weg, den die christliche Soziallehre weist. Es geht um die Renaissance der solidarischen Selbsthilfe, deren bevorzugte Instrumente Sozialversicherung und Tarifautonomie sind.

Das Bürgergeld weist in die entgegengesetzte Richtung. Seine Maxime ist: «Weg mit der Selbstverwaltung». Dafür: «Mehr Staat» und «Mehr Privatversicherung». Die Quintessenz dieser Entwicklung ist die Entleerung des gesellschaftlichen Raumes zwischen Staat und Individuum, in dem die Subsidiarität ihr Ordnungsfeld hat.

Auf dem Holzweg befindet sich ein Sozialstaat, der sich auf Armutsbekämpfung beschränkt und der Privatversicherung das «Rest»-Geschäft überlässt. (Bei diesem Rest geht es immerhin um ein paar hundert Milliarden.) So wird zwischen den Mühlsteinen von staatlichem Bürgergeld und privater Versicherung die Sozialversicherung zerrieben. Daran sind Neomarxisten und Neoliberale gleichermaßen interessiert, und so erklärt sich auch ihre merkwürdige Verlobung.

Für die Neoliberalen ist das Bürgergeld eine Verlockung, weil sie das Feld planiert, auf dem die Privatversicherung ihre Geschäfte uneingeschränkt von der Sozialversicherung machen kann. Für den Profit der Privatversicherung verraten einerseits die Neoliberalen – wenn es sein muss – ihre Oma und ihre Überzeugungen. Hauptsache, der Sozialstaat geht vor die Hunde. Mit dem Bürgergeld wird andererseits der Marxschen Forderung Rechnung getragen: «Nicht Kampf im Lohnsystem, sondern gegen das Lohnsystem». Was die Lohnabhängigkeit zerstört, ist nach marxistischer Überzeugung gut.

Es ist das Vorspiel zum sozialistischen Schlaraffenland, in dem angeblich jeder nach seinen Bedürfnissen leben kann. Der Neomarxist André Gorz und der CDU-Politiker Dieter Althaus liegen sich in den Armen und feiern das Bürgergeld. Neoliberale und Marxisten Seite an Seite im Kampf gegen den Sozialstaat – so weit ist die Konfusion gediehen. Die Extreme fusionieren.

Wenn die CDU beim Bürgergeld mitmacht und im Übrigen die private Kapitaldeckung zum zentralen Stellwerk der sozialen Sicherheit macht, sind ihr entweder alle Sicherungen durchgebrannt, oder sie hat alles vergessen, was ihr bisher als gut erschien. Gerechtigkeit wird zu einem Phantombegriff, so wie es der neoliberale Vordenker Friedrich August von Hayek lehrte.

Doch nach dem Rausch kommt bekanntlich der Kater, und in der dann eintretenden Ernüchterung wird die alte Wahrheit wieder klar, die der Erfinder der Marktwirtschaft, Adam Smith, schon vor rund zweieinhalb Jahrhunderten kannte: «Der Wohlstand der Völker kommt von der Arbeit», und ein Sozialstaat, der diese Wahrheit vergisst, bringt sich selber um, weil er seine Moralität verloren hat.

# Anders arbeiten

*Von Anke Domscheit-Berg*

Es ist keineswegs übertrieben, zu behaupten, dass sich Arbeit in einem dramatischen Umbruch befindet. An der in Deutschland so wichtigen Automobilindustrie lässt sich dies gut zeigen.

Ein konventionelles Auto besteht aus etwa 5000 Teilen. Im 3D-Druck-Verfahren, das in absehbarer Zukunft kommen wird, sind es nur noch 50 Teile. Die anderen 4950 Teile muss niemand mehr miteinander verbinden, die Arbeitsschritte fallen weg.

Die Hersteller des D-Blade-Supercars nutzen die Potenziale des 3D-Drucks noch intelligenter: Seine Karosserie kann aus konventionell hergestellten Carbon-Röhren mit komplexen, 3D-gedruckten Verbindungselementen (ähnlich der Lego-Technik) anhand einer Anleitung (ähnlich wie bei Ikea) auch ohne Fachausbildung in 30 Minuten montiert werden. Es fallen 99 Prozent aller Montageschritte in der Autoherstellung weg, und für das verbleibende Prozent sind die Qualifikationsanforderungen so niedrig, dass man keine Fachkräfte mehr braucht.

Stellen wir uns nun noch vor, dass Autos in Zukunft ohne Fahrer auskommen, dann gehen weitere 700.000 Arbeitsplätze verloren. Lokomotivführer sind nicht eingerechnet, aber auch Loks werden künftig ohne Lokführer fahren. Für die meisten Industrien kann ein ähnliches Bild gezeichnet werden, selbst für Dienstleistungen. Auch in Rezeptionen, Büros, Laboren und Anwaltskanzleien werden nach und nach Menschen durch Systeme künstlicher Intelligenz ersetzt.

Schon jetzt können solche Systeme Touristen mehrsprachig bedienen, Briefing-Unterlagen zusammenstellen, posttraumatische Belastungsstörungen und Krebs diagnostizieren oder die Einhaltung rechtlicher Bestimmungen durch Großkonzerne analysieren. Es ist also höchste Zeit, darüber nachzudenken, wie wir die Würde des Menschen auch in Zukunft schützen können.

Gegenwärtig hängt die Wahrnehmung, wie Menschenwürde eingelöst wird, zu sehr davon ab, ob wir eine bezahlte Erwerbstätigkeit haben oder andere nennenswerte Einkommensquellen. Die Würde der Hartz-IV-Empfänger wird, da sie kein Lohneinkommen, sondern eine «Lohnersatzleistung» beziehen, ständig verletzt: Es werden Hauskontrollen durchgeführt, bei der die Anzahl der Zahnbürsten mit der Mieterzahl verglichen wird, die Offenlegung von Kontoauszügen wird erzwungen und Sanktionen werden verhängt, die den Hartz-IV-Satz unter das grundgesetzlich geschützte Existenzminimum senken.

Es ist bekannt und wird gesellschaftlich hingenommen, dass aus Scham vor dieser Würdeverletzung viele Bedürftige ihre Ansprüche nicht wahrnehmen. Sie leben unter dem Existenzminimum – im reichsten Land Europas.

Künftig ist Hartz IV erst recht keine Lösung mehr. Mit der Hälfte der arbeitsfähigen Bevölkerung, für die es keine

Lohnarbeit mehr gibt, kann man so nicht umgehen, ohne ein großes innenpolitisches Problem zu schaffen. Es braucht neue soziale Systeme, neue Denkweisen, jenseits der bekannten. Neuen Ideen sollte nicht mit dem Totschlagargument: «Das geht doch sowieso nicht» begegnet werden, sondern mit der Frage: «Wie könnte es denn gehen?»

Diese Offenheit erfährt inzwischen das bedingungslose Grundeinkommen, das eine der besten Ideen ist, um in einer Welt, in der Roboter, künstliche Intelligenzen und andere disruptive Technologien für Wertschöpfung sorgen, die Würde des Menschen existenziell zu sichern.

«Dann geht doch keiner mehr arbeiten!» – ist das beliebteste Gegenargument. Aber warum werden dann schon heute in Deutschland doppelt so viele Stunden unbezahlt gearbeitet wie bezahlt? Warum machen Menschen das, wenn sie doch vermeintlich nur für Geld arbeiten? Wenn es heißt, dass bei 1000 Euro Grundeinkommen alle sofort die Füße hochlegen, warum arbeiten dann nicht heute schon alle Menschen nur so viel, bis sie 1000 Euro verdienen?

«Aber Klos putzt dann auf keinen Fall mehr jemand, und irgendwer muss das doch machen!» – auch ein beliebtes Argument in einer typischen Grundeinkommensdebatte. Richtig! In einer Gesellschaft, in der die eigene Existenz und Teilhabe gesichert sind, ist niemand mehr so erpressbar, dass er oder sie die schlechtesten Jobs für die niedrigsten Löhne annehmen muss. Solche Jobs werden in einer Welt mit Grundeinkommen nur noch besetzbar, wenn sie angemessen bezahlt werden.

Mangelnde Erpressbarkeit wird sich in höheren Löhnen widerspiegeln. Je unbefriedigender ein Job, umso besser bezahlt – es gibt dann schlicht mehr Schadenersatz für das Opfern von Lebenszeit für Dinge, die keinen Spaß machen. Dieser Effekt wird größer sein, als ihn ein Großstreik erzwingen könnte. Langfristig werden gerade die so steigenden Löhne dazu beitragen, dass die fiesesten Jobs am Ende durch Technologie ersetzt werden. Und ich werde keinem dieser Jobs eine Träne nachweinen. Mir kann gern Technik das Klo putzen.

Ist die Existenz gesichert, werden auch mehr Menschen – vor allem Frauen – den Schritt in die Selbstständigkeit wagen und Unternehmen gründen. Man kann wagen, etwas auszuprobieren, ohne Angst, die Miete oder das Fahrgeld zur Schule nicht mehr bezahlen zu können. Das wird ein Motor für Innovation, genauso wie die vielen Lernmöglichkeiten, die dann lebenslang genutzt werden können – mit dem Grundeinkommen als Stipendium.

Der künftige Arbeitsmarkt wird Spielräume vor allem für kreative und flexible Menschen bieten. Kreativität und Flexibilität muss man sich aber auch leisten können. Mit einem Grundeinkommen im Rücken ist das einfacher.

«Das Grundeinkommen drängt Frauen zurück in die Care-Rollen» – ist ein weiteres typisches Verhinderungsargument. Es ist nicht stichhaltig, denn am Ende hängt die Verteilung von Rollen von sehr viel mehr Aspekten ab als davon, ob eine Frau ihre Existenz anders als durch Erwerbsarbeit finanziert bekommt. Die künftige Arbeitswelt, wie ich sie für wahrscheinlich halte, bietet kaum noch Vollzeitjobs, die wenig Zeit für Privates lassen. Sie wird stattdessen geprägt sein von hohen Teilzeitanteilen und temporären Arbeitsaufträgen, wo mal mehr und mal weniger verdient wird und wo man manchmal vom Grundeinkommen leben wird, wenn man gerade keine bezahlte Tätigkeit hat oder haben möchte.

Da es diese Arbeitsmuster gleichermaßen bei Männern und Frauen geben wird, halte ich es für wahrscheinlich, dass diejenigen in einer Familie, die gerade mehr Zeit verfügbar haben, sich auch den Care-Aufgaben widmen, und ich glaube nicht, dass das automatisch stets Frauen sein werden. Im Gegenteil, es wird zu einer starken Angleichung von Rollenmustern kommen, vorausgesetzt, wir bekommen auch auf anderen Ebenen den Kulturwandel hin und den Sexismus beseitigt und erhalten einen hohen Standard an nichtprivater Care-Infrastruktur, in der dann auch höhere Löhne gezahlt werden.

Vor einer solchen Zukunft habe ich keine Angst. Es wird nur langsam Zeit, die Furcht vor dem radikal anderen zu verlieren und es einfach mal auszuprobieren. Der nächste Schritt müsste die längst überfällige Untersuchung der Machbarkeit und der Finanzierung eines bedingungslosen Grundeinkommens sein. Mit dieser Arbeit sollte eine Enquete-Kommission des Deutschen Bundestags beauftragt werden. Andere Länder sind da längst weiter. Von ihren Erfahrungen können wir lernen.

# Freiheit für alle – Verantwortung für alle anderen

*Von Katja Gentinetta*

Die Idee des bedingungslosen Grundeinkommens ist verführerisch einfach: Jeder Staatsbürger erhält ab Geburt und unabhängig von Alter, Arbeit und Einkommen einen festen Betrag zur freien Verfügung. Die Schweizer Volksinitiative für ein bedingungsloses Grundeinkommen schlägt 2500 Franken monatlich vor, 635 Franken für Kinder. Zum Vergleich: Die Schweizerische Konferenz für Sozialhilfe (SKOS) veranschlagt als monatlichen Grundbedarf 896 Franken pro Person (2013), wobei die Summe mit steigender Haushaltsgröße sinkt.

Ganz abgesehen von diesen Zahlen, die jeden, der auch nur halbwegs rechnen kann, ob der sorglosen Großzügigkeit erschaudern lassen, unterminiert dieses Modell unsere Grundwerte der Gerechtigkeit, Freiheit und Verantwortung.

Jedem das Seine oder jedem das Gleiche – über diese Frage hat sich bereits Platon Gedanken gemacht. Aristoteles kam zu einer bis heute gültigen Unterscheidung zwischen der «austeilenden Gerechtigkeit» und der «verteilenden Gerechtigkeit». In beiden Fällen kommt zwar das Prinzip der Gleichheit zum Zug, aber in unterschiedlicher Weise. Die «austeilende Gerechtigkeit» orientiert sich am Prinzip der

Gleichheit von Gabe und Gegengabe – wie bei einem Tausch oder einer Strafe. Die «verteilende Gerechtigkeit» strebt Proportionalität an. Zu verteilende Güter werden nach Maßgabe des Verdienstes vergeben: Ehren, Ämter, Güter kommen jenen zu, die sie verdienen.

Das bedingungslose Grundeinkommen entspricht nun weder der einen noch der anderen Form der Gerechtigkeit. Es wäre entweder eine Gabe ohne Gegengabe – eine Leistung ohne Gegenleistung, ein Lohn ohne Arbeit. Oder es wäre eine irreführende Interpretation des Wortes «Verdienst», denn der einzige Verdienst als Bedingung für dieses bedingungslose Grundeinkommen wäre die schlichte Existenz. Wer geboren wird, hat Anrecht auf ein bedingungsloses Grundeinkommen; wer Kinder in die Welt setzt, erhält noch mehr davon.

Etwas konkreter auf unseren Sozialstaat bezogen heißt das: Geld wird dem Einzelnen ausbezahlt, ohne dass seine Bedürftigkeit – wie jetzt bei der Sozialhilfe oder den Ergänzungsleistungen – überprüft wird. Damit verspricht das bedingungslose Grundeinkommen den Abbau sämtlicher anderer Sozialleistungen und der Sozialbürokratie. Unter dem Gesichtspunkt der Gerechtigkeit aber ist es äußerst fraglich – fragen Sie sich selbst! –, ob es gerecht ist, einem durch Invalidität erwerbsunfähigen Menschen gleichviel zum Leben zu geben wie einem vitalen und gut ausgebildeten Menschen.

Freiheit ist ein hohes Gut. Sie ermöglicht dem Einzelnen, sein Leben nach seinen Vorstellungen zu leben. In unserer westlichen Gesellschaft haben wir nach dem Abschütteln mancher – insbesondere religiöser, aber auch gesellschaftlicher – Vorgaben einen hohen Grad an Freiheit erlangt. Die einzige Voraussetzung dafür ist die Fähigkeit, dies aus eigener Kraft zu tun. Dass nicht alle dieselbe Kraft besitzen, wissen wir. Aus dieser Einsicht ist unser Sozialstaat entstanden. Eine inzwischen beachtliche Vielfalt von Versicherungen und Bedarfsleistungen sichert uns nicht nur gegen die Wechselfälle des Lebens ab, sondern ermöglicht auch soziale Teilhabe, unabhängig von der eigenen Fähigkeit, für sich zu sorgen.

Das Prinzip, das dieser Einsicht und damit auch dem Sozialstaat zugrunde liegt, heißt: keine Freiheit ohne Verantwortung. Wir sind frei, tragen aber die Verantwortung für uns selbst. Wo die Verantwortungsfähigkeit eines Einzelnen nachweislich an seine Grenzen stößt, springt der Staat – sprich: die Allgemeinheit – ein.

Das bedingungslose Grundeinkommen missachtet auch dieses Prinzip. Es sieht vor, dass der Einzelne Geld vom Staat erhält, ohne dass er irgendeine Vor- oder Gegenleistung erbracht hat oder je wird erbringen müssen. Damit verzichtet der Staat nicht nur auf die Festlegung, dass jeder alles in seiner Macht Stehende tun muss, um zunächst für sich selbst zu sorgen, bevor ihm die Allgemeinheit unter die Arme greift. Er verbaut sich auch die Möglichkeit, Einzelne zur Rechenschaft zu ziehen. Wir alle können uns somit nicht mehr vor der Ausbeutung derjenigen schützen, die nicht selbst für sich sorgen wollen, selbst wenn sie es denn könnten. Ein bedingungsloses Grundeinkommen bedeutet nichts mehr und nichts weniger als: Freiheit für alle – Verantwortung für alle anderen. Das kann nicht aufgehen.

Auch hierzu ein konkreter Blick auf den Schweizer Sozialstaat: Die Befürworter des bedingungslosen Grundeinkommens werben zuweilen mit dem Claim der «altersunabhängigen AHV für alle». Der Vergleich hinkt allerdings, denn für die Rente der Alters- und Hinterlassenenversicherung (AHV) muss man zumindest die Bedingung des erreichten Rentenalters erfüllen; überdies hat man ein Arbeitsleben lang für die Rentner der vorherigen Generation einbezahlt, also gewissermaßen eine Vorleistung erbracht. Auch die Idee eines bedingungslosen Grundeinkommens für Familien mit tiefem Einkommen ist ein Widerspruch in sich, denn damit wird eine Bedingung geschaffen, die es wiederum zu prüfen gilt.

Man kann es drehen und wenden, wie man will: Das bedingungslose Grundeinkommen ist eine Idee, die nicht nur an der Realität der Gesellschaft und des Menschen vorbeizielt, sondern auch an unseren Grundfesten rüttelt.

# Freiheit, Gleichheit, Grundeinkommen!

*Von Adrienne Goehler*

Wir leben in einer Zeit der radikalen Umbrüche: des nicht enden wollenden Terrors; der Zuspitzung von Klimawandel und Ressourcenknappheit; der daraus resultierenden Fluchten. Die alten Sicherungssysteme sind überholt: ob Sozialstaat, Geschlechterrollen, blinder Glaube an Experten in Bildung, Ökonomie und Ökologie – das alles trägt nicht mehr. Eine Rückkehr zu Zeiten des unbesorgten Ressourcenverbrauchs, des ungehemmten Wachstums, der Ignoranz der Gründe für weltweite Fluchtbewegungen, die Ausdruck von Vertreibung und Not sind, wird es nicht mehr geben. Wir brauchen ein anderes Denken, Fühlen und Handeln. Wir werden unsere Geschicke stärker selbst in die Hand nehmen müssen.

Die radikale Veränderung der Erwerbsarbeit etwa ist bei Arbeitsagenturen und in herkömmlichen Betriebswirtschaftslogiken nicht gut aufgehoben. Denn anders als bei früheren ökonomischen Krisen stimmt die alte Logik, dass Fortschritte in der Technologie zwar alte Jobs vernichten, aber genauso viele neue schaffen, nicht mehr, da mit immer weniger Arbeitskräften immer weniger Großkonzerne immer mehr Profite erzielen. Bis 2020 werden rund fünf Millionen Jobs in den Industrieländern von Robotern übernommen. Eine Untersuchung des Weltwirtschaftsforums hat ergeben, dass in erster Linie Bürojobs, vor allem Frauenarbeitsplätze gefährdet sind. Wir sind daher aufgefordert, Arbeit nicht länger auf Erwerbsarbeit zu reduzieren, sondern mit der Kenntnis etwas anzufangen, dass in Deutschland jährlich rund 50 Millionen bezahlte Arbeitsstunden und 100 Millionen unbezahlte Arbeitsstunden geleistet werden, die natürlich hauptsächlich Frauen erbringen.

Ich finde die Notwendigkeit unabweisbar, nach anderen sozialen und demokratischen Konstruktionen zu suchen, die Hybride zwischen Selbstorganisation und Fürsorge erzeugen, um dem Gefühl von existenzieller Verunsicherung und Entwertung zu begegnen, das sich gerade in so vielen Ländern durch fast alle gesellschaftlichen Schichten und Generationen zieht. Die «flüssige Moderne» (Zygmunt Bauman) vergibt keine angestammten Plätze mehr, wodurch sich Leben und Arbeit, ja sämtliche Gewissheiten radikal verändern. Das erzeugt Angst. Der Rückgriff auf noch ältere, nationale und chauvinistische Konzepte mit Xenophobie und Frauenhass ist die unmittelbar spürbare Folge davon.

Dagegen brauchen wir neue Wege, um andere Politiken gestalten zu können. Wir brauchen Heterotopien: «Heterotopien sind wirkliche Orte, wirksame Orte, die in die Einrichtung der Gesellschaft hineingezeichnet sind, sozusagen Gegenplatzierungen oder Widerlager, tatsächlich realisierte Utopien, in denen die wirklichen Plätze innerhalb der Kultur gleichzeitig repräsentiert, bestritten und gewendet sind, gewissermaßen Orte außerhalb aller Orte, wiewohl sie tatsächlich geortet werden können.» (Michel Foucault) Dafür ist das plausibelste und verlockendste Mittel das bedingungslose Grundeinkommen, weil es sich der diffusen, lähmenden Angst, der Ohnmacht, die ein würdeloses Leben unterhalb des Existenzminimums auslöst, entgegenstellt. Es mildert die Angst vor dem Fremden und ist ein Riesenschritt in Richtung gleicher Voraussetzungen für die Differenz der Geschlechter.

Das würden die jeweiligen Gesellschaften, die es einführten, in ihrer Gesamtheit spüren. Das Grundeinkommen würde zwar nicht den Unterschied zwischen Arm und Reich aufheben, aber die notwendige, wenn auch nicht hinreichende Bedingung schaffen, um Gemeinwohl anders zu denken und dafür tätig werden zu können. Wer nicht um seine eigene Existenz fürchten muss, weil er ein bedingungsloses Grundeinkommen erhält, der kann in allem großzügiger und gelassener sein – mit sich selbst und den anderen. Und dies verändert eine Gesellschaft elementar.

Eine Gesellschaft in solch einem dramatischen Umbruch, ein Hochpreisland ohne Bodenschätze, kann es sich nicht leisten, auf die Talente so vieler Menschen zu verzichten, indem sie diese auf ihren Marktwert bzw. ihren abgelaufenen Marktwert reduziert. Wir brauchen dringend die schöpferischen Fähigkeiten der Menschen, um aus dem umfassenden Schlamassel herauszukommen. Die schöpferischen Fähigkeiten der Menschen sind die Ressource des 21. Jahrhunderts. Ihre größte zerstörerische Gegenspielerin ist die Existenzangst.

Menschen sind Resonanzwesen, die durch ihr Tun Wirkung erzielen wollen. Sie wollen nützlich sein, geliebt und gebraucht werden und gestalten. Wirklich sozial kann eine sich verändernde Gesellschaft erst dann sein, wenn die Menschen nicht bedarfsbemessen werden, sondern selbst die Bedingungen herstellen können, ihren je eigenen, aktiven Beitrag für die Gesellschaft zu leisten. Gesellschaften, in denen das gelingt, können wir Kulturgesellschaften nennen. In einer Kulturgesellschaft geht es darum, aus einer sozialen Arbeit, die Ungerechtigkeiten notdürftig ausgleicht, eine solche zu machen, die Gesellschaft gestaltet: mit Selbstverantwortung, Vertrauen, Hingabe, Eigeninitiative, Experimentieren, Ausprobieren, Verwerfen.

Dafür braucht es Zeit. Wir brauchen eine Entschleunigung unseres Daseins im Hamsterrad der durchökonomisierten Städte. Wir wissen, dass unsere Dörfer sich zunehmend entvölkern, weil bezahlte Arbeit nur noch in den großen Städten zu finden ist. Wie sehr ließe sich die vom Aussterben oder der Verniedlichung bedrohte dörfliche Lebensweise als Kultur wiederbeleben, wenn jeder ein Grundeinkommen dorthin mitbringen würde, wo er leben und mit Gleichgesinnten eine Existenz aufbauen will? Die Gewissheit eines bedingungslosen Grundeinkommens würde, so vermute ich, Menschen darin bestärken, ihr Leben nicht mehr allein ökonomischen Bedingungen zu unterwerfen, sondern sich zu fragen, was sie eigentlich wollen. Es gibt mehr Ideen denn je auf dieser Welt, aber wir brauchen nachhaltigere Formen und Rhythmen des Lebens und Arbeitens, um sie auch umsetzen zu können.

Ein bedingungsloses Grundeinkommen, das allen eine Teilhabe am gesellschaftlichen und kulturellen Wohlstand garantiert, schafft die Grundlage für Freiheit, Gleichheit, Brüderlichkeit – für die Kernforderungen der französischen Revolution. Freiheit ist leidlich in den europäischen Verfassungen verankert und die Brüderlichkeit zeigt sich überall in Form von Männerbünden, aber von gleichen Voraussetzungen zum Leben von Differenz sind wir immer noch weit entfernt.

Die Vorkämpferin des Feminismus zu Zeiten der französischen Revolution, Olympe de Gouges, die zwei Jahre nach der *Erklärung der Menschen- und Bürgerrechte* 1791 ihr kämpferisches Manifest *Erklärung der Rechte der Frau und Bürgerin* publizierte, worin sie die gleichen Rechte für Frauen forderte, war – wie wir wissen – nicht erfolgreich. Die Freiheitsansprüche der Pariser Frauen wurden nicht umgesetzt: Die Verfassung der Französischen Republik schaffte 1793 Feudalwirtschaft und Sklaverei offiziell ab, doch Frauen blieben – im Wortsinne – bevormundet durch den Vater, den Bruder, den Ehemann, die bis heute als männliche Normen in die gesellschaftliche Realität eingeschrieben sind.

Freiheit, Gleichheit, Grundeinkommen! Ich behaupte, dass erst mit einem bedingungslosen Grundeinkommen die humanistischen Ideale der Aufklärung, die sich in der französischen Revolution manifestierten, eingelöst würden. Denn es wäre das erste Mal in der Geschichte der Menschheit, dass Frauen und Männer dieselbe ökonomische Voraussetzung in Sachen Existenzsicherung hätten. Das Grundeinkommen würde Räume öffnen für die schon so lange geforderte Umverteilung von Macht und Geld zwischen den Geschlechtern. Wenn Frauen ökonomisch auch allein überleben könnten, hätte dies erhebliche Auswirkungen auf die bestehenden Lebensgemeinschaften und -formen mit und ohne Kindern, ja auf das Verhältnis der Geschlechter insgesamt – ohne «Versorgungsaspekt» durch die steuerlich und ideologisch begünstigte Ehe.

Das bedingungslose Grundeinkommen ist die gesellschaftliche Basis für individuelles Empowerment, dem Selbstverständnis der Frauenbewegung nach Selbstbestimmung und Recht auf Differenz entsprechend. Das Grundeinkommen ist die gesellschaftliche Ermächtigung zur individuellen Selbstermächtigung. Indem die Gesellschaft jedem die Existenz sichert, gibt sie allen das Startkapital, das eigene Leben selbst in die Hand zu nehmen. Das ist ein gedanklicher Paradigmenwechsel, dessen Tragweite weit über das Finanzielle und auch über Teilhabe an der Gesellschaft durch Erwerbsarbeit hinausgeht.

Freiheit, Gleichheit, Grundeinkommen! Das ist eine kulturelle Revolution, die keine Barrikaden und kein umstürzlerisches Blutvergießen fordert. Sie findet zunächst vor allem im Kopf statt. Es braucht nicht viel Phantasie, um sich vorzustellen, wie sehr ein Grundeinkommen einem der weltweit gewichtigsten Gründe für Flucht und Vertreibung den Boden entziehen würde. Es wäre eine Möglichkeit, sich aus Hunger und Hoffnungslosigkeit zu befreien! Man konnte in dem kleinen namibischen Dorf Otjivero studieren, wie sich das Leben auf allen Gebieten entwickelte, als die Bewohner für einige Jahre ein gesichertes Grundeinkommen erhielten, um ihre Geschicke selbst zu bestimmen. Es hat sich in kürzester Zeit eine Vertrauenskultur entwickelt, vergleichbar mit jener der Mikrokredite, auch dadurch, dass Frauen viel mehr mit dem Grundeinkommen anzufangen wussten.

Es regt auf und an, sich vorzustellen, wie die Verknüpfung mit einem Grundeinkommen für die Bevölkerung die Methoden herkömmlicher Entwicklungspolitik verändern würde. Gelder würden wirklich zur Stärkung der Selbstentwicklung und Souveränität der Bevölkerung eingesetzt und nicht in privaten Taschen von Diktatoren, Despoten und Warlords verschwinden. Würde sich ein Grundauskommen nicht außerdem entradikalisierend auswirken können, da sich die Macht der Kalifatisten nicht zuletzt der ökonomischen Abhängigkeit ihrer Anhänger verdankt?

Das bedingungslose Grundeinkommen ermöglicht den Schritt vom Sollen zum Wollen. Es ist die überzeugendste Möglichkeit, auf die aktuelle Veränderung der Lebens- und Arbeitsverhältnisse zu reagieren und diese mit nachhaltigen Zielen zu verbinden. Nachhaltigkeit braucht Entschleunigung braucht Grundeinkommen. Das bedingungslose Grundeinkommen ist ein Fundament für ein würdiges und freies Leben.

# Weder gleich noch gerecht

*Von Gregor Gysi*

Welch eine grandiose Utopie! Jedem stünde ein bedingungsloses Grundeinkommen zu. Alle Menschen wären befreit von den Geiseln des Hungers, der Armut, entwürdigender Arbeit. Das gilt selbstverständlich weltweit, in Europa ebenso wie für die über eine Milliarde Chinesen. Bedingungslos – aus Deutschland. Aber das ist wohl nicht gemeint.

Die erste Bedingung lautet wohl: für Menschen in Deutschland. Stünde allen sich bei uns aufhaltenden Bürgern, neben deutschen Staatsbürgern auch Bürgern anderer Länder, auch bei uns lebenden Flüchtlingen und Besuchern dieses Grundeinkommen zu? Es scheint weitere Einschränkungen und Begrenzungen geben zu sollen. Da es Menschen ein-, aber auch ausschließt, ist es nicht bedingungslos. Es soll wohl nur für Menschen gelten, die wirklich in Deutschland leben, und wohl für Deutsche, die woanders leben.

Ein Grundeinkommen, von dem jeder in Würde leben kann, wäre außerdem unsozial. Bundestagsabgeordnete brauchen es nicht, vermögende Personen ebenso wenig. Andere – das untere Sechstel in der Gesellschaft, das in Armut leben muss oder von Armut bedroht ist – benötigten ein existenzsicherndes Grundeinkommen viel dringlicher. Die soziale Frage stellt sich auch, wenn man die exorbitant hohen

Kosten des Grundeinkommens in Rechnung stellt. Erhielten alle Bürger bei uns rund 1000 Euro im Monat, dann benötigte man knapp eine Billion Euro im Jahr – eine gigantische Umverteilung. Wie sollen die Mittel dafür aufgebracht werden? Über eine Mehrwertsteuererhöhung, die die Waren des täglichen Bedarfs verteuert? Über Reichen- und Vermögensteuern, die aber niemals ausreichen? Oder will man diejenigen, die durch ihre Erwerbsarbeit die gesellschaftlichen Werte schaffen, durch höhere Steuern heranziehen? In dieser Frage gibt es unter den Befürwortern des bedingungslosen Grundeinkommens keine Einigkeit.

Die Höhe des Grundeinkommens selbst ist ein weiterer der zahlreichen Streitpunkte. Die so oder so hohen Kosten des Grundeinkommens trügen außerdem zur Erhöhung der öffentlichen Armut bei, denn angesichts von Schuldenbremse und europäischem Fiskalpakt sind den öffentlichen Ausgaben Grenzen gesetzt. Es müsste also in der Konsequenz anderswo gespart werden. Da gäbe es zwar einige Bereiche wie die Rüstung, aber auch das reichte längst nicht aus, das Grundeinkommen zu finanzieren.

Das bedingungslose Grundeinkommen ist nicht nur unsozial, weil es allen Bürgern ausgezahlt wird, ganz gleich ob sie arm oder reich sind, sondern es ist auch unsozial, weil es sich gleichmacherisch auf Sozialleistungsempfänger erstrecken würde. Gesetzliche Rentner, Arbeitslose, Beziehende von Krankengeld – alle erhielten nach dem Gießkannenprinzip das gleiche Grundeinkommen. Es gäbe keine gesetzliche Rente, kein Arbeitslosengeld, kein Krankengeld mehr – und damit auch nicht mehr die notwendigen Differenzierungen. So wie heute schon Hartz IV nicht zwischen Arbeitslosen nach 35 Arbeitsjahren und solchen nach einem halben Arbeitsjahr unterscheidet. Gesetzliche Renten und Arbeitslosengeld sind unterschiedlich hoch, weil in unterschiedlicher Höhe eingezahlt wird und ein unterschiedlich durch Erwerbsarbeit gegebener Lebensstandard aufrechterhalten werden soll. Unterschiedliche Löhne nach Qualifikation, Verantwortung, Begabung und Fleiß sind notwendig und gerechtfertigt, was auch eine notwendige Differenzierung bei der Höhe von Arbeitslosengeld und gesetzlicher Rente erfordert. Das soll keinesfalls die heute anzutreffende Maßlosigkeit rechtfertigen – und es rechtfertigt erst recht kein bedingungsloses Grundeinkommen.

Das Grundeinkommen wäre nicht gerecht, da es nicht die fördert, die es in der Tat benötigen, sondern alle gleichbehandelt. Ursprünglich stammt die Idee aus neoliberalen Denkfabriken, weshalb auch die FDP ein solches Bürgergeld fordert. Das würde den Wegfall der Beiträge zur gesetzlichen Rente und zur Arbeitslosenversicherung für die Unternehmen bedeuten – mit den genannten unsozialen Folgen.

Mit «bedingungslos» ist der Gedanke verbunden, dass jedes Individuum selbst entscheiden kann, ob es einer Erwerbstätigkeit nachgehen möchte oder nicht. Ob jemand die Zeit für sinnvolle Aktivitäten nutzt oder einfach nur faul sein möchte, bleibt ihm überlassen. Aber auch das wäre keineswegs sozial, denn die einen müssten für die anderen unbezahlt mitarbeiten. Sanktionen sind falsch, Boni sind besser. Bei der gesellschaftlichen Verteilung von Arbeit und notwendiger Arbeitszeit wäre es sozial gerechter, die Arbeitszeit für alle Erwerbsfähigen angesichts der Produktivitätsfortschritte so zu verkürzen, dass sich das Reich der Notwendigkeit für alle Menschen einschränkt und sich das Reich der Freiheit aller ausdehnt.

# Elend der Fülle

*Von Rainer Hank*

Das Schlaraffenland ist das Gegenteil der Knappheitswelt. Seit dem Alten Testament begleiten utopische Wunschbilder die Menschen: Genuss statt Askese. Unbegrenzter Konsum ohne Arbeit. Geld spielt keine Rolle. Rivalität und Wettbewerb braucht es nicht; denn alles steht allen zur Verfügung. Selbst die Beschränkungen der Endlichkeit durch die Zeit – Grundkonstante der Knappheit – sind außer Kraft gesetzt: Man kann in den Jungbrunnen steigen so oft man will. Lebenszeit und Weltzeit kommen zur Deckung.

Wohin das führt, kann man auf Pieter Bruegels (1525 bis 1569) *Schlaraffenland* sehen. Es ist, folgt man der Bildinterpretation des Ökonomen Guy Kirsch, ein Bild öden Trübsinns: Da liegen sie, vollgestopft und abgefüllt, schlafen in dumpfer Schwere oder starren mit offenen Augen geistlos ins Nichts. Ein Spanferkel, appetitlich gebraten, und mit dem Messer im Rücken, läuft von niemandem beachtet in der Gegend herum. Das halb ausgelöffelte Ei irrt verloren zwischen den Schlafenden, und der gebratene Vogel ist auf einem Teller gelandet. Man muss nur genau hinschauen: Die Mäuler, in die das gebratene Tier hineinfliegen sollte, sind bis an den Rand des Erbrechens voll.

Bruegel, der Moralist, malt das Elend der Fülle: kein mit

allen Sinnen waches Genießen, sondern der Stumpfsinn der Verdauung; kein neugieriger Blick auf die Welt, sondern ein dumpfes Dahindämmern; kein tätiges Zupacken, keine liebende Umarmung, sondern ein gestaltloses Erschlaffen des eigenen einsamen Selbst.

Die Idee des bedingungslosen Grundeinkommens träumt die naive Utopie des Schlaraffenlands, ohne durch Bruegel gewarnt zu sein. Fangen wir schon einmal mit 1000 Euro (oder 2500 Franken) an. Die Argumente sind verführerisch: Nach all unseren wirtschaftlichen Erfolgen können wir die Menschen vom Fluch der Arbeit befreien. Sie können, müssen aber nicht arbeiten. Jeder kann tun und lassen, was er will, so wie Thomas Morus und Karl Marx es uns verheißen haben. Morgens jagen, mittags daddeln, abends lieben. Nur wer faul sein darf, ist wirklich kreativ. Dahinter steckt unser aller Sehnsucht nach aristokratischem Müßiggang. «Mankind is solving its economic problems», verspricht John Maynard Keynes: Der Ökonom aus dem literarischen Kreis von Bloomsbury hält die Ökonomie für ein Vorgeplänkel spielerisch verschwendender Existenz, aber nicht für die dauerhafte *conditio humana* eines Lebens mit der Knappheit.

Die Freunde des Grundeinkommens wollen das Gesetz der Knappheit aufheben. Nur vordergründig geht es ihnen um Barmherzigkeit oder soziale Gerechtigkeit. Denn dafür bräuchte man das Grundeinkommen gar nicht, da der Sozialstaat ohnehin verspricht, jedermann das Existenzminimum zu sichern. Aber der Bedürftige muss nachweisen, dass er finanziell bedürftig ist. Das finden Grundeinkommensanhänger eine Demütigung; lieber setzen sie auf Umverteilung durch zwangsweise Enteignung der Erfolgreichen. Freiheitsberaubung der wenigen um der paradiesischen Freiheit aller willen. Denn zumindest bei denen, die das Grundeinkommen finanzieren, lässt sich das Gesetz der Knappheit nicht außer Kraft setzen. Im Gegenteil: Immer weniger Leistungsträger werden am Ende immer mehr Grundeinkommenskreative über Zwangsabgaben und Steuern finanzieren müssen. Wer sich anstrengt, ist selber blöd, denn der Lohn der Anstrengung wird ihm enteignet. Das Grundeinkommen zerstört den Leistungsgedanken und den Wettbewerb. Das kann nicht gut gehen, wäre es doch das Ende der – sozialen – Marktwirtschaft.

Die philosophische Wertlehre hat ihren Ursprung in der ökonomischen Preistheorie. Was nichts kostet, ist bekanntlich nichts wert. Arbeit muss ihren Preis haben; Kreativität muss um Zahlungsbereitschaft werben – wie jeder Unternehmer auch. Erfolg ist nicht nur eine Resultante der individuellen Anstrengung. Man tut den Menschen keinen Gefallen, wenn man ihnen Geld vom Staat gibt und ihnen die Anerkennung ihrer Arbeit durch den Markt – aus scheinbar humanen Gründen – verweigert. Der Markt spiegelt nichts anderes als die Wertschätzung der Mitmenschen.

Die Welt nach dem Sündenfall ist eine Welt der Knappheit – kein Drama, sondern ein Segen. Kreativität braucht Anerkennung und ist dialogisch gewirkt. Am Abarbeiten an der Welt formiert sich «die menschliche Seele» (Georg Simmel). Durch ein Grundeinkommen ließe sie sich freiwillig deformieren.

# Verantwortung vor!

*Von Daniel Häni*

Der Vorschlag eines bedingungslosen Grundeinkommens bewegt sich in Wellen vorwärts. Einmal ist es die Armutsfrage, einmal die Arbeitsfrage im Spiegel der fortschreitenden Automatisierung und dann wiederum die Umverteilungs- und Steuerfrage, die das Grundeinkommen aktuell sein lässt.

Das Grundeinkommen klopft an viele Türen. Eine Tür ist die Frage nach Würde und Gerechtigkeit. Das Grundeinkommen als Menschenrecht. An einer weiteren Tür steht ganz pragmatisch: «Bürokratieabbau». Schluss mit kompliziert! In diese Richtung zielen die Grundeinkommensexperimente in den Niederlanden und Finnland. Und gleich nebenan, aber anders: Schluss mit Stigmatisierung! Die Abschaffung der menschenunwürdigen Hartz-IV-Gesetze in Deutschland. Das bedingungslose Grundeinkommen ist eine Ermächtigung zur Selbstermächtigung. Es ist eine emanzipatorische Bewegung, welche die Tür in den Grundeinkommensraum öffnet.

Die Argumentationslinien zwischen Befürwortern und Gegnern verlaufen quer durch die bekannten Lager: Kapitalisten und Sozialisten, Liberale und Konservative, Unternehmer und Gewerkschafter begeistern sich für den Vorschlag – und bekämpfen ihn. Deshalb bildet den Haupteingang zum Grundeinkommen eine Flügeltür, die sich sowohl von links als auch von rechts elegant öffnen lässt. Das Grundeinkommen ist sozial, weil es für alle, und liberal, weil es bedingungslos ist.

Im Kern geht es beim bedingungslosen Grundeinkommen um die Verantwortungsfähigkeit des Menschen. Sie ist eine grundlegende Voraussetzung des menschlichen Zusammenlebens. Was aber heißt Verantwortungsfähigkeit? Verantwortlich ist jeder Mensch für das, was er tut, und für das, was er nicht tut. Verantwortungsfähig ist jeder, der selbst entscheiden kann. Wenn ich etwas tun muss, was ich nicht will, schränkt sich meine Verantwortungsfähigkeit ein. Wenn ich mich nicht frei entscheiden kann, kann ich mich eigentlich nur verweigern. Wenn ich etwas will, erweitert sich hingegen meine Verantwortungsfähigkeit. Wenn ich mich selbst entschlossen habe, etwas zu tun, kommt unmittelbar auch die Fähigkeit, Verantwortung zu tragen, ins Spiel.

Jean-Jacques Rousseau hat diesen Umstand bereits im 18. Jahrhundert umrissen: «Die Freiheit des Menschen liegt nicht darin, dass er tun kann, was er will, sondern darin, dass er nicht tun muss, was er nicht will.» Heute können wir sagen: Wenn ich etwas tue, was ich nicht will, handle ich verantwortungslos. Ich gebe dann die Verantwortung ab. Ich tue etwas, weil ich muss, weil ich nicht anders kann, weil durch Bedingungen meine Existenz auf dem Spiel steht.

Verantwortungsfähigkeit ist das, was den Menschen als Menschen auszeichnet. Kein Tier, keine Maschine und auch keine Aktiengesellschaft kann Verantwortung tragen. Nur Menschen können das. Wollen wir das Menschsein fördern, müssen wir Rahmenbedingungen schaffen, welche diese Fähigkeit besser gedeihen lassen. Dabei spielt das bedingungslose Grundeinkommen eine entscheidende Rolle. Mit dem Grundeinkommen ist die Existenz des Menschen gesichert, mit der Bedingungslosigkeit seine Freiheit ermöglicht. Ohne Einkommen keine Existenz, ohne Freiheit keine Verantwortung.

Oft ist zu hören, es gäbe keine Freiheit ohne Verantwortung. Das stimmt. Aber es gibt auch keine Verantwortung ohne Freiheit. Freiheit ist die Bedingung der Verantwortungsfähigkeit. Und Bedingungslosigkeit ist die Bedingung der Freiheit.

Wenn ich von jemandem etwas erfahren will, bin ich gut beraten, mich so anzustellen, dass der andere nicht das sagt, was er meint, dass ich hören will. Sagt er nur, was ich angeblich hören will, trägt nicht er, sondern ich die Verantwortung. Wie aber kann ich verantworten, was ein anderer sagt?

Verantwortungsfähigkeit ist an die Person gebunden. Nie kann ich etwas für einen anderen so verantworten, als ob er es selbst verantwortet. Das ist das offenbare Geheimnis der Verantwortung.

Frei ist der Mensch, wenn er ermöglicht oder zumindest nicht verhindert, was seine Mitmenschen tun wollen. Frei kann ich erst sein, wenn die anderen nicht mehr unfrei sind. Das ist der Freiheitsbegriff des 21. Jahrhunderts.

Das bedingungslose Grundeinkommen ist die Basis einer verantwortlichen Leistungsgesellschaft. Es ist die Basis einer freien Verantwortungsgesellschaft.

# Arbeit für alle

*Von Otfried Höffe*

Der Gedanke eines Grundeinkommens, das jedem unabhängig von seiner wirtschaftlichen und gesellschaftlichen Lage zukomme, der sogenannte Bürgerlohn, wird heute, da man ihn in ökonomistischer Verkürzung nur pekuniär versteht, vornehmlich volkswirtschaftlich diskutiert. Man begründet ihn zum Beispiel mit dem in vielen Ländern hohen Maß an Arbeitslosigkeit, die wegen des Vormarsches von Robotern eher noch steigen als sinken werde. Merkwürdigerweise findet dieses Argument in Ländern geringer Arbeitslosigkeit wie der Schweiz mehr Befürworter als in einem Land mit entsprechend hoher Arbeitslosigkeit wie Spanien. Schon dieser Befund legt die Vermutung nahe, dass es auf ökonomische Überlegungen allein nicht ankommt. Auch die Sozialethik ist gefragt, sogar unter zwei Aspekten, einmal vom Begriff der Arbeit, zum anderen vom Prinzip der Gerechtigkeit her.

Moralisten teilen gern die Ansicht, die eine Figur in Georg Büchners Theaterstück *Leonce und Lena* vertritt: «Es gibt nur drei Arten, sein Geld auf menschliche Weise zu verdienen: es finden, in der Lotterie gewinnen, erben.» Als Alternative sieht Valerio lediglich: «Oder in Gottes Namen stehlen, wenn man die Geschicklichkeit hat, keine Gewissensbisse zu bekommen.» (1. Akt, 1. Szene) Zurecht reserviert Büchner diese Ansicht für ein Lustspiel. Denn die realitätsgerechte Alternative, die Arbeit, fehlt, obwohl sie in allen Kulturen und Epochen eine wichtige Rolle spielt, ihr häufig sogar ein anthropologischer Rang zugesprochen wird.

Gemäß der Genesis soll der Mensch sein Brot, also: seinen Lebensunterhalt, im Schweiße seines Angesichts verdienen. Wie es an anderer Stelle in der Genesis anklingt, ist die Arbeit aber nicht bloß Zwang und drückende Mühe. Nach Kants *Pädagogik* ist der Mensch «das einzige Tier, daß arbeiten muß», wobei das «Müssen» schon deshalb keineswegs nur Plage bedeutet, weil der Mensch produktive Beschäftigung sucht. Kant stellt ein Gedankenexperiment an und antwortet: Wären Adam und Eva im Paradies geblieben und hätten dort nur «arkadische Lieder gesungen und die Schönheit der Natur betrachtet», so würde die Langeweile sie ohne Zweifel «gemartert haben».

Obwohl die Arbeit wohl zur *conditio humana* gehört, hat sie den Rang eines philosophischen und gesellschaftstheoretischen Grundbegriffs weithin verloren. Mitverantwortlich dafür ist eine aus der Antike stammende Unterscheidung. Sie setzt die Tätigkeiten, die ihren Zweck in sich haben und daher eines freien Mannes würdig sind, gegen die Knechte- oder Sklavenarbeit (*opera servilia*) ab, bei der man einen außerhalb liegenden Zweck verfolgt und sowohl einem Herrn als auch der zu bearbeitenden Natur untertan ist. Diese Trennung eines Reichs der Notwendigkeit von einem Reich der Freiheit wirkt bis weit in die Neuzeit, subkutan sogar bis in die heutigen Debatten hinein. Dort gilt der Mensch als ein Bedürfniswesen, das mittels mühevoller Arbeit zu überleben sucht. Hier erscheint er als ein geistiges Wesen, das um eines guten Lebens willen sich Mußetätigkeiten wie der Politik, der Wissenschaft und Philosophie oder der Kunst und Musik widmet. In der gesellschaftlichen Realität hat sich diese Trennung längst verflüchtigt. Der heutige Bürger füllt in der Regel beide Rollen aus, nicht nur die «edle Rolle» des politischen Souveräns, des *citoyen*, sondern auch die schlichte Aufgabe des *bourgeois*, der als Arbeiter, als Angestellter oder als Unternehmer für seinen Lebensunterhalt selbst zu sorgen hat.

In der Doppelrolle tritt ein Maß an ökonomischer und sozialer Demokratisierung zutage, das erstaunlicherweise selbst die sogenannten kritischen Gesellschaftstheorien nicht hinreichend würdigen: Die demokratisierte Selbst*verantwortung* eröffnet allen Bürgern Chancen zu jener Selbst*verwirklichung*, die große Teile der heutigen Arbeit, insbesondere der Erwerbsarbeit bieten. Denn das Prestige eines Menschen, weitgehend auch das Einkommen und die vorangehende Bildung und Ausbildung hängen wesentlich mit der Art und dem Rang der (Erwerbs-)Arbeit zusammen. Daraus folgt allerdings nicht, zum erwerbsfreien «Muße»-Leben sei das Arbeitsleben die schlichte Alternative. Mit geistigen Beschäftigungen beispielsweise oder mit ehrenamtlichen, sozialen und politischen Tätigkeiten kann man das arbeitsgeprägte Erwerbsleben zu einem Gesamtentwurf gelungenen Lebens vervollständigen.

Der einschlägigen Umwälzung von der Muße- zur Arbeitsgesellschaft liegt eine revolutionäre Umwertung der Werte zugrunde. Deren erster, sozialethischer Faktor besteht in einer Hochschätzung der Arbeit, die lange *vor* der calvinistischen Leistungsethik beginnt. Obwohl im Alten Testament die Arbeit mit Fluch und Mühsal verbunden ist, gehört sie zum göttlichen Auftrag, sich die Erde untertan zu machen. Das Neue Testament verwirft jede Geringschätzung der Arbeit und verlangt für sie einen angemessenen Lohn (Matthäus 10,10; Lukas 10,7). Nach Paulus (2. Brief an die Thessalonicher 3,10) soll, wer nicht arbeite, auch nicht essen. In der alten Mönchsregel «Bete und arbeite» (*ora et labora*) erfährt die Arbeit sogar eine gewisse Heiligung. Aber erst weit später erhält der Begriff seine moderne Gestalt: dass die Arbeit nicht nur der Bedürfnisbefriedigung und dem Lebensunterhalt dient, sondern zu einem erfüllten Leben wesentlich hinzugehört. Auf dem Weg von der agrarisch-handwerklichen zur industriell-technischen Gesellschaft, später zur Dienstleistungs-, mittlerweile sogar Wissensgesellschaft erhöhen sich die Bildungs- und Ausbildungsansprüche so enorm, dass der qualifizierten Arbeit ein hohes Maß an sozialem und politischem Ansehen zuwächst und möglichst jeder die Chance dazu erhalten soll.

Schon beim Apostel Paulus klingt als weiterer Faktor ein Kernelement von Gerechtigkeit, das Prinzip Gleichheit, an: Damit jeder nicht bloß rechtlich, vor dem Gesetz, sondern auch in seiner ökonomischen Verantwortung gleich ist, hat man für seinen Lebensunterhalt im Prinzip selber aufzukommen. In einem *Lesebuch für Handwerker-Vereine* von 1853 heißt es schlicht: «Denn woll'n wir essen ehrlich Brot, / muß es verdienet sein.» Das Gleichheitsprinzip widerspricht beiden Spielarten, sowohl dem älteren Modell einer «Freizeit-Klasse» (*leisure class*) als auch einer neueren Gefahr, dass dank einer immer noch ziemlich großzügigen Sozialhilfe bestimmte Arbeiten sich nicht mehr lohnen und die Personen, die diese Arbeiten übernehmen könnten, stattdessen von den anderen alimentiert werden.

Nicht zuletzt enthält die eigene (Erwerbs-)Arbeit derart hohe Chancen zur Selbstverantwortung und Selbstverwirklichung, dass sie sich auf ein veritables Humanitätspotenzial belaufen. Mit Marlow aus Joseph Conrads Erzählung *Herz der Finsternis* gesprochen: «Ich liebe die Arbeit nicht – niemand mag sie –, aber ich liebe das, was in der Arbeit steckt – die Möglichkeit, sich selbst zu finden.»

Ohne die Unterschiede der Begabungen und der Berufe zu leugnen, darf man nicht der Gegenidealisierung erliegen, die die manuellen Tätigkeiten als reine Plage, die «geistigen» dagegen als pures Vergnügen hinstellt. Manche handwerkliche Arbeit geht leicht und erfolgsgewiss, vielleicht sogar vergnüglich von der Hand. Die Laborarbeit von Naturwissenschaftlern und die Archivarbeit von Geisteswissenschaftlern dagegen kann sehr mühevoll sein, sie wird von hohem Konkurrenz- und Kreativitätsdruck begleitet, und weil man sich dabei des Erfolges nicht sicher sein kann, braucht es außer Talent und Lust an der Forschung ein hohes Maß an Frustrationstoleranz.

Karl Marx prognostiziert in der «Arbeitstheorie» des *Kapital* (Buch I, 14. Kapitel) für die kapitalistische Wirtschaft geringe Löhne trotz einer «maßlosen Verlängerung des Arbeitstags». In Wahrheit ist im Vergleich zu Marx' Zeiten die Wochen- und die Jahresarbeitszeit erheblich verkürzt worden. Hier in Übereinstimmung mit dem berühmtesten Theoretiker des freien Marktes, Adam Smith, hat der Markt vergleichsweise hohe Löhne, niedrige Preise und trotz mancher Ausnahme relativ geringe Profite erbracht. Und den nicht zu leugnenden Kollateralschäden des Marktes tritt der in Westeuropa kräftig ausgeprägte Sozialstaat entgegen.

Für eine Sozialethik der (Erwerbs-)Arbeit spielen nun fünf Gesichtspunkte eine Rolle: Als eine Quelle des Einkommens trägt sie zum Lebensunterhalt, darüber hinaus zum angenehmen, sicheren, vielleicht sogar großzügigen Leben bei. Sie regt weiterhin zur Entfaltung von Kenntnissen, Fertigkeiten und Fähigkeiten an. Da sie drittens dank Selbstachtung und Achtung seitens der anderen für die persönliche und soziale Identität mitverantwortlich ist, widerspricht sie der früheren Ansicht, wer selber arbeite, sei arm. Wie sowohl die empirische Glücksforschung als auch Studien von Krankenversicherungen bestätigen, droht eher die Gefahr, dass die körperliche und seelische Gesundheit von Menschen, die arbeiten wollen, aber keinen Arbeitsplatz finden, empfindlich beeinträchtigt wird. Viertens trägt auf der Ebene des Gemeinwesens die Arbeit zum Volksvermögen und zu Steuereinnahmen bei. Schließlich wirkt sie indirekt auch als ein Faktor sozialer Kontrolle: Vor allem junge Männer ohne Arbeit sind für Aggression und einen gewalt- und märtyrerbereiten sogenannten Fundamentalismus anfällig.

Diente die Arbeit bloß dem Lebensunterhalt, so könnte eine wohlhabende Gesellschaft sie einem Teil der Bevölkerung überlassen. Weil sie in der heutigen Welt weit mehr leistet, freilich auch weit mehr verlangt, ist es ein eklatantes Unrecht, wenn man unter dem so schön klingenden Titel «Bürgerlohn» oder «Grundeinkommen» einem erheblichen Teil der Bürger die Arbeitswelt versperrt.

Der überragende Moralphilosoph der Neuzeit, Immanuel Kant, hält die Entfaltung der eigenen Talente für ein moralisches Gebot. In der erwähnten Vorlesung zur Pädagogik überträgt er der Erziehung die Aufgabe, die Eigenständigkeit und Selbstständigkeit der Heranwachsenden zu fördern. Weil der Mensch letzten Endes zu einer moralisch guten Gesinnung zu erziehen ist, soll ein Kind nicht nur spielen, sondern ebenfalls arbeiten lernen, denn Kinder dürfen nicht meinen, dass sie auch später im Leben das, was sie vom Elternhaus gewöhnt sind – «Essen und Trinken bekommen, ohne daß sie dafür sorgen müssen» –, einfach so erhalten.

In Kants Verständnis bleibt auch der lebenslang ein Kind, der zwar hochgebildet ist, seinen Lebensunterhalt aber nicht selber zu verdienen vermag. Zur Begründung, dass Jugendliche Kenntnisse für ihre Berufsfähigkeit erwerben sollen, was Einstellungen wie Arbeitswillen und Kooperationsbereitschaft, ferner Fremdsprachenkenntnisse, die Fähigkeit zur Fortbildung sowie soziale und interkulturelle Kompetenzen, nicht zuletzt Kreativität und Mobilität einschließt, genügt in der Regel ein normativ bescheideneres Argument: Die für den Menschen unverzichtbare Anerkennung hängt in hohem Maß von der Berufs- und Arbeitswelt ab. Das aufgeklärte Selbstinteresse drängt daher die Politik, sowohl die Wirtschafts- als auch die Sozial- und Bildungspolitik, beides zu prämieren: aufseiten der Volkswirtschaft die Schaffung von Arbeitsplätzen und aufseiten der Individuen jene Suche nach Berufsfähigkeit und Arbeitsplätzen, die auch Mühen und Durststrecken in Kauf nimmt.

Freilich bieten die Arbeitsplätze Chancen zur Selbstverwirklichung nur bei entsprechender Qualität. Hier droht mancherlei neuartige Entfremdung, zum Beispiel durch eine Fragmentierung der Arbeit, auch wenn der Anteil der

Fließbandarbeit in vielen Bereichen stark zurückgegangen ist.

Wegen der zwei Seiten der Erwerbsarbeit, der Verantwortung für den eigenen Lebensunterhalt und der Chancen zu emotionaler, sozialer und intellektueller, vielfach auch manueller Selbstverwirklichung, ist ein Recht auf Arbeit ebenso wichtig wie die Existenzsicherung durch Sozialhilfe. Das Recht ist sinnvollerweise aber nicht so wie etwa die Meinungsfreiheit als ein einklagbares Individualrecht zu gestalten. Vielmehr ist es die Aufgabe der Politik, zu einem Wirtschafts-, Sozial- und Rechtsklima beizutragen, das beides fördert, die Bereitschaft zu arbeiten und das Erhalten und Entstehen von Arbeitsplätzen statt des «Wegrationalisierens». Dabei sind höhere Steuer- und Sozialversicherungseinnahmen bloß eine Nebenfolge, allerdings eine hochwillkommene.

Dass heute die Vollbeschäftigung nicht mehr jene der Industriegesellschaft sein kann, ist richtig, aber trivial. Vor allem spricht dieser Umstand nicht gegen das Ziel selbst, das sich immerhin vom Sozialstaatsprinzip, vielleicht sogar von der Menschenwürde, jedenfalls vom Recht auf freie Persönlichkeitsentfaltung her rechtfertigt. Eine Politik, die sich mit einer glücklichen Konjunkturentwicklung zufriedengibt und die noch bestehenden Strukturprobleme verdrängt, die etwa das im Vergleich zu manchem Nachbarland hohe Maß an Regulierung und an Lohnnebenkosten nicht kräftig abbaut, verstößt gegen die so vielbeschworene soziale Gerechtigkeit. Denn sie bevorzugt die Besitzer von Arbeitsplätzen gegenüber den Besitzlosen und die heutigen Besitzer gegenüber den künftigen (Nicht-)Besitzern. Und wer sich noch immer auf eine Konkurrenz von Arbeit und Kapital fixiert, übersieht, dass die Schaffung qualifizierter Arbeitsplätze heute einen sehr hohen Kapitaleinsatz verlangt. Vor allem verkennt er den der Arbeitnehmerseite internen Konflikt: dass beispielsweise zu hohe Schutzbestimmungen für Arbeitsplatz*besitzer* die Chancen von Arbeits*suchenden* empfindlich einschränken.

Einspruch gegen den sogenannten Bürgerlohn erhebt auch ein Kernelement der Gerechtigkeit, die Wechselseitigkeit. Danach verdient man nicht für das bloße Bürgersein einen pekuniären Lohn, sondern erst für einen Beitrag zum Gemeinwesen. Die generell drohende Gefahr eines sozialen Trittbrettfahrens steigt dort, wo sich der Abstand zwischen Bürgerlohn und Arbeitslohn verringert. Selbst wenn die Arbeit nicht im Schweiße unseres Angesichts stattfindet, erfordert sie nämlich Mühen, die mancher lieber scheut: die biographische Investition eines rechtzeitigen Erwerbs von Berufsfähigkeiten, ferner Leistungsbereitschaft, nicht zuletzt berufliche, soziale und geographische Mobilität.

Es zeugt deshalb nicht von Klugheit, wenn Deutschland vielleicht nicht im Verlauf der letzten Jahre, aber doch der letzten Jahrzehnte den Lohnabstand zwischen dem Nettoarbeitseinkommen und der Sozialhilfe verringert hat. Einspruch gegen den Bürgerlohn erhebt auch das sozialethische Prinzip der Subsidiarität. Denn es verlangt, dass jeder seinen Lebensunterhalt zunächst selber zu verdienen sucht und nur im Notfall das Gemeinwesen für ihn einspringt. Die Subsidiarität votiert *gegen* einen Fürsorgestaat und *für* einen freiheits- und demokratiefunktionalen Sozialstaat.

Selbst die französische Verfassung vom 24. Juni 1793 hält

zwar in Artikel 21 der *Erklärung der Menschen- und Bürgerrechte* die «öffentliche Unterstützung der Bedürftigen» für eine «heilige Verpflichtung». Die nähere Erläuterung spricht aber nicht für einen pekuniären Bürgerlohn oder ein Grundeinkommen. Denn die Erklärung schränkt den Unterhalt, den die Gesellschaft für einige Bürger übernimmt, auf die «ins Unglück geratenen Bürger» ein. Selbst ihnen gegenüber habe sie nur die Aufgabe, ihnen Arbeit zu geben. Lediglich «denjenigen, welche arbeitsunfähig sind», sind die «Mittel ihres Unterhalts» auch ohne Arbeit zuzusichern. Andernfalls droht ein Maternalismus, der den Bürgern das Für-sich-selber-Sorgen abnimmt, was auf eine schleichende Entmündigung hinausläuft. Bleibt man trotzdem beim Bürgerlohn, so müsste der Ausdruck, soll er die angezeigte Sache Bürger*lohn* tatsächlich beinhalten, durch einen Bürgereinsatz, eine Bürger*arbeit*, komplettiert werden.

Seit Ende der 1950er Jahre, also mittlerweile seit zwei Generationen, spricht man gern von einer Arbeitsgesellschaft, der die Arbeit ausgegangen sei. Wahr ist, dass zwar im Zuge der mittlerweile drei «industriellen» Revolutionen viele Arbeitsplätze in entsprechenden Wellen verloren gegangen sind, obwohl es, was das Problem verschärft, aufgrund einer höheren Erwerbstätigkeit von Frauen mehr Arbeitsplätze braucht. Daraus folgt aber nicht, dass eine Erwerbsarbeit potenziell aller erwerbsfähigen Bürger unmöglich geworden sei. Ohnehin fällt die Arbeitslosigkeit in den westlichen Ländern unterschiedlich stark aus.

Bei Befürwortern des Bürgerlohns oder Grundeinkommens ist das pathetische Wort beliebt, der Zwang zur Erwerbsarbeit sei letztlich Zwangsarbeit. In Wahrheit beleidigt dieses Wort all jene Personen, die tatsächlich von heutigen oder früheren Diktaturen zur Zwangsarbeit verpflichtet wurden. Die vorschnelle Diagnose vom Ende der Arbeitsgesellschaft übergeht beispielsweise die demographischen Veränderungen. Ob man sie als Altern unserer Gesellschaften oder als fehlende Verjüngung charakterisiert – wegen entsprechender Veränderungen nehmen im Sozial- und Pflegebereich Arbeitsplätze wieder zu. Auch für den Schutz des Stadt- und Landschaftsbildes ist manche Bürgerarbeit nicht bloß denkbar, sondern längst hochwillkommen.

Auf Wechselseitigkeit verpflichtet, verlangt die Gerechtigkeit jedenfalls für die Teilhabe an den Ergebnissen der Kooperation eine Teilnahme an ihrer Erstellung. Und weil man bei der Teilnahme, bei der aktiven Mitgestaltung am wirtschaftlichen, gesellschaftlichen, kulturellen und politischen Leben sich selbst entfaltet, fällt diese kontributive (Beteiligungs-)Gerechtigkeit mit einem aufgeklärten Selbstinteresse weitgehend zusammen. Wegen des Potenzials für Freiheit und Persönlichkeitsbildung, das der Arbeit innewohnt, empfiehlt es sich, weder für eine stets wachsende Freizeit zu streiten, noch einen etwaigen Mangel an Arbeit euphemistisch in einen Wohlstand an Zeit umzudeuten.

Marx und Engels hatten in der *Deutschen Ideologie* noch gehofft, dass bei entsprechender Entlastung von Arbeit viele Menschen Lust verspürten, «morgens zu jagen, nachmittags zu fischen, abends Viehzucht zu treiben, nach dem Essen zu kritisieren, ohne je Jäger, Hirt oder Kritiker zu werden». Dort, wo sich in der zur Arbeit komplementären Freizeit eine Spaßgesellschaft etabliert, nimmt man aber kaum Marx' und Engels' Interesse an wachsenden Humanitätschancen wahr.

Im Übrigen unterschätzen beide Autoren das Anspruchsniveau qualifizierter Arbeit. Privatim mag sich jeder als Theater-, Musik- oder Filmkritiker betätigen, selbst in einem gelungenen Sozialismus wird aber nur eine extrem schmale Gruppe von Kritikern größere Aufmerksamkeit finden – und dafür pekuniär entlohnt werden.

Aus der skizzierten ethischen Neubewertung der (Erwerbs-)Arbeit folgen Aufgaben, «Pflichten», die überraschenderweise kaum eine Gesellschaftskritik in den Blick nimmt: Weil es schwer einzusehen ist, warum nicht jeder im Rahmen seiner Möglichkeiten zum Lebensunterhalt beitragen soll, hat der Heranwachsende eine Pflicht, sich zum künftigen Wirtschaftsbürger zu entwickeln. Für die Elementarstufe hat er die Fähigkeit und Bereitschaft zu erwerben, überhaupt seinen Lebensunterhalt möglichst selbst zu verdienen. Die Steigerung besteht in der Fähigkeit, einer Arbeits- und Berufstätigkeit nachzugehen, die der Begabung entspricht, sogar deren Entfaltung ermöglicht, folglich zur Selbstverwirklichung beiträgt.

Auf beiden Stufen pflegt außer Zufriedenheit ein so hohes Gut wie die Selbstachtung und die Achtung durch andere nachhaltiger zu entstehen als bei der Abhängigkeit von fremder Hilfe. Nicht zufällig tut man sich mit der Dankbarkeit oft schwer: Man freut sich zwar über Zuwendungen, ist aber lieber auf eigene Verantwortung und eigene Leistungen stolz. Obwohl das selbstbestimmte Leben weder mit der Arbeit beginnt noch bei ihr endet, bietet sie dafür wichtige Chancen. Wer sich darauf einlässt, bemerkt bald, dass die anfängliche Last in Lust umschlägt.

# Utopien realisieren

*Von Urs Jaeggi*

In einer Durcheinandergesellschaft sind Vernünftiges und Verrücktes ineinander verschachtelt, und Veränderungen, weil sie permanent anfallen, nicht einfach anzunehmen. Und es bleibt zu fragen, ob das Durcheinander scheinbar oder echt ist. Weil wir, gerade auf technologischem Gebiet, fast alle Laien sind, scheint das Eingreifen schwer und leicht. Aber können wir überhaupt etwas ändern? Das Durcheinander in einem Kinderzimmer kann größer oder kleiner sein, es verändert sich laufend, ist Spiel- und Kampfplatz.

Gesellschaftlich ist das Durcheinander undurchschaubarer, weniger wirklich, aber es folgt Regeln. Man kann sich zurecht fragen, ob wir ins Gegebene so verstrickt sind, dass Wirklichkeit nur noch von außen normativ bestimmte Realität ist. Das Durcheinander wäre dann wie die Scheinrealität ein Scheindurcheinander. Kein wirkliches Chaos wie in einem Kinderzimmer. Wir würden allein im bekannten «falschen Bewusstsein» leben. Wir könnten nicht anders, weil es dem Gegebenen entspräche. Wir könnten höchstens im Falschen das am wenigsten Falsche suchen. Vieles spricht für das «eherne Gehäuse der Hörigkeit» (Max Weber).

Die Frage, die uns interessiert, einfacher ausgedrückt: Geschieht, was geschieht, sozusagen hinter unserem Rücken, obwohl vieles davon vor unseren Augen passiert? Können und wollen wir es ändern? Wer viel und etwas komplizierter mit Computern arbeitet, der weiß, wovon die Rede ist. Sich andauernd neu einstellen, nicht mit Phantasie, sondern im Aneignen von Gebrauchsanweisungen, von vorgegebenen Regeln. Wie das Bild vom Kinderzimmer ist das Computerbeispiel dabei eine grobe Vereinfachung. Im Kinderzimmer ist das Chaotische (meist nicht konfliktfrei) jederzeit leicht veränderbar, aber auch leicht wiederherstellbar. Beim Computerbeispiel sind die Regeln unantastbar, nur im vorgegebenen programmierten Rahmen veränderbar. Die gesellschaftliche Realität folgt nun weder der einen noch der anderen Vorgabe. Sie ist Scheinrealität und Realität. Sie verändert sich nicht nur selbst, sie lässt sich auch von uns verändern. Wir können erkennen, was falsch läuft und was besser laufen könnte. Das Bessere müssen wir wollen, es wünschen, begehren und darum kämpfen.

Als «Prekariat», die älteren Bezeichnungen «Unterschicht» und «Lumpenproletariat» ersetzend, zum ersten Mal auftauchte, fand ich den Zungenbrecher unmöglich. Er macht aber Sinn. Nicht nur theoretisch-philosophisch leben wir in den gegenwärtigen Gesellschaften prekär. Prekariat kann allerdings nicht alle meinen, sondern bezeichnet einen zwar vielfältigen, aber eingrenzbaren Teil der Bevölkerung. Gemeint ist der Zustand: strukturelle Instabilität, Mittellosigkeit, zumindest temporäre Arbeitslosigkeit oder häufiger Wechsel in unsichere Tätigkeitsbereiche. Das können Arbeitslose sein, Unqualifizierte und Hochqualifizierte, kurz- oder langfristig ohne Arbeit, Gelegenheitsarbeiter, Bankangestellte, an Universitäten Habilitierte, Künstler und

Schriftsteller aller Sparten. Ein bunter Haufen, alle mit unsicheren Lebens- und Überlebensperspektiven. Arbeitslose oder Gefährdete, die chronisch finanziell absacken.

Die vor Jahren von den meisten als überzogen eingestufte These vom «Ende der Arbeitsgesellschaft» hat das Problem früh klar benannt. Inzwischen ist die Zahl der Betroffenen, auch wenn sie politisch immer wieder schöngeredet wird, unübersehbar. Die offiziellen Arbeitslosenzahlen werden undifferenziert zum Maßstab genommen und Maßnahmen wie Hartz IV und andere Sozialhilfen zu einem unübersichtlichen Maßnahmenknäuel zusammengeschnürt – auf dass immerhin das Allernotwendigste garantiert werde. Stolz werden die modernsten, sehr sauberen, sehr ästhetischen Produktionswerkstätten von den Politikern mit eingeweiht, ohne dass die Folgen der Roboterisierung auch nur erwähnt würden. Und die Folgen der Globalisierung werden geschönt.

Dass uns die Arbeit zwar nicht ausgeht, aber radikal reduziert wird, lesen wir jeden Tag in der Zeitung. Örtliche Betriebsschließungen werden zwar erwähnt, aber gesamtgesellschaftlich verdrängt; erst allmählich werden die stetig wachsende Schere zwischen Arm und Reich und das Gerechtigkeitsproblem thematisiert. Die Politik, auch so viel wissen wir, kann diese Strukturkrise allein nicht lösen, sie flickt, was kein Nachteil sein müsste, mit Einzelmaßnahmen, aber sie flickt nicht übersichtlich und konsequent genug.

Andere Möglichkeiten? Erhöhte Mobilität, Bereitschaft zu mehrfachem Tätigkeits- und geographischem Ortswechsel können Arbeitschancen verbessern – häufig nur bei sinkendem Wohlbefinden und niedrigerem Einkommen. Unübersehbar dabei: Mobil sein heißt heute für viele immer häufiger, zwei oder drei Tätigkeiten am gleichen Tag oder in der arbeitsfreien Zeit auszuüben, wie es in den USA und armen Ländern schon längst üblich ist. Auch bei uns findet Mehrfacharbeit statt; darüber geredet oder nachgedacht wird, wenn überhaupt, nur zögerlich.

Im Übrigen hat man lange angenommen, dass der Ausfall produktiver Arbeitskräfte vom wachsenden Dienstleistungssektor kompensiert werden könne. Inzwischen steht ökonomisch der Dienstleistungssektor genauso unter Rationalisierungsdruck wie die Großindustrie. Auch Angestellte, Beamte, Facharbeiter und akademisch Ausgebildete werden immer häufiger wegrationalisiert, die Betroffenen als Frührentner oder in die Arbeitslosigkeit entlassen; ökonomisch bedingt. Sie werden überflüssig. Hier und bei den Facharbeitern bildet sich immer deutlicher ein neuer Sockel von Temporär- und Nicht-Beschäftigten heraus. Man sieht die Entlassenen, die früher von den Soziologen *white collar*-Klasse getauft wurden, zwar nicht als Arbeitslose durch die Straßen streunen wie während der Weltwirtschaftskrise Ende der Zwanzigerjahre, aber man weiß, es gibt sie; nicht vereinzelt und nicht als «Versager», sondern als strukturell Eliminierte. Man sieht sie in den Einkaufsstraßen und man hört am Tag die TV-Geräusche in den Hausfluren. In Freizeitkleidung mischen sie sich unauffällig unter die Werktätigen. Ihre Probleme bleiben tabu. Man hat ihnen von ganz früh an beigebracht, dass nur, wer arbeite, zur Gesellschaft gehöre, und, bei den Protestanten noch überhöht, der Arbeitende Gott gefällig sei. Heute müssen zumindest die Älteren unter ihnen mit diesen antiquierten, längst überholten Werten im Kopf überleben.

Die Politiker, von links bis rechts, reden vom Aufschwung, und es gibt ihn, wie es die Rezession gibt. Aber Aufschwung und spürbare Reduktion von Arbeitslosigkeit laufen längst nicht mehr parallel. Der Automatisierungsprozess und die Produktionsauslagerung in Billiglohnländer gehen weiter. Man muss nur in den noch vor kurzem Industriegesellschaft genannten Ländern die Zahlen der gestrichenen Arbeitsplätze zusammenrechnen und schauen, wie viel sogenannte produktive Arbeit in den alten Industriegesellschaften noch geleistet wird. Tendenz: weiter sinkend.

In den Achtzigerjahren gab es, autopoietisch-akademisch, eine ernsthafte Diskussion über das Ende der Arbeitsgesellschaft und damit das Ende der modernen Industriegesellschaft. Erich Fromm hat in *Haben oder Sein* schon früh ein garantiertes Grundeinkommen für jeden Bürger gefordert, folgenlos. André Gorz war unter den späteren Provokateuren der provokanteste. Das Echo: karg. Trotz der schrumpfenden Zahl produktiv Tätiger wird bis heute am Arbeitsethos als Identitätsstütze stur festgehalten. Nur wer Arbeit hat, gilt als richtiger Mensch. Arbeit anders denken als bisher, nicht mehr definiert als Sinn des Lebens, darf nicht sein. Ob man diese unbedingte Festlegung akzeptiert oder nicht: Arbeitslosigkeit führt nicht nur zu einer Nicht-Anerkennung der Betroffenen; sie entspricht weder einer liberalen noch einer sozialen Vorstellung von Gerechtigkeit. Darüber, wie eine Besserung der Arbeitsmöglichkeiten erreicht werden kann, wird nachgedacht – in Deutschland etwa mit den Ich-AGs. Sie sollen möglichst vielen Arbeitsuchenden ermöglichen, als Klein- und Kleinstunternehmer eine Nische zu finden. Häufig genug sind es Selbstausbeutungsinseln für eine begrenzte Zeit. Darüber nachgedacht wird nicht.

In der Kunstszene kann man das Phänomen der akkumulierten Nebenbeschäftigungen, die das Überleben minimal garantieren, deutlich sehen; ebenso dort, wo handwerkliche Grundausbildung oder -aneignung und Schwarzarbeit beinahe zusammenfallen. Dass es unter den Arbeitslosen ein großes Potenzial an Tätigkeitsuchenden gibt, ist unbestritten. Und es gibt unter ihnen mehr als nur ein paar Tausende, die nützliche und kreative Aufgaben übernehmen möchten und könnten. Im wachsenden Schwarzarbeitsmarkt, der quer durch alle Professionen Arbeitslosen Arbeit ermöglicht, überwiegt bei den Beteiligten die Notwendigkeit, überhaupt etwas zu verdienen; sie verrichten die auf dem offiziellen Markt ungenügend oder zu teuer angebotenen Arbeiten für meist sehr viel weniger Geld. Auch dieses Problem wird von den Politikern nicht oder nur zögerlich angeschnitten. Dabei ist die billigste Antwort eine Tatsache: «Schwarze», auch «illegale» Ausländerarbeit wird in allen reicheren Nationen nachgefragt und gleichzeitig verfolgt. Man braucht sie, aber man möchte sie weder sehen noch hören.

Der in Deutschland umstrittene Mindestlohn scheint auf den ersten Blick vernünftig; es bieten sich aber zu viele Schlupflöcher, um ihn zu unterschreiten; zudem dehnt sich der Schwarzmarkt damit weiter aus. Der radikale, noch zu gehende Schritt – das bedingungslose Grundeinkommen –. würde nicht nur eine gesellschaftliche Grundabsicherung gewährleisten; er würde die gegenwärtig von den Philosophen heftig geführte Diskussion um Gerechtigkeit, Anerkennung und Ausgrenzung auch auf eine praktische Ebene heben.

André Gorz und andere gingen davon aus, dass es der Technologieschub in scheinbar sicheren Arbeitsbereichen erforderlich mache, in mehreren «Leben» aktiv zu werden. Selbstwertgefühl lässt sich in einer postindustriellen Gesellschaft nicht mehr allein auf lohnabhängige Arbeit (die nicht verschwindet, aber immer rarer wird) stützen. Also das realisieren, wovon der junge Marx träumte: Selbstbestimmung, Selbstverwirklichung in frei gewählten Tätigkeiten?

Das machen, was man am liebsten oder zumindest lieber machen würde, führte zumindest zur Erhöhung der Chance, das tun zu können, was einen mehr interessiert und befriedigt. Strukturelle, nicht selbst verschuldete Arbeitslosigkeit führt, man sieht es tagtäglich, zur Nicht-Anerkennung der Betroffenen, zu Demütigungen. «Nur die Person, die sich von den Anderen in bestimmter Weise anerkannt wissen kann, vermag sich so vernünftig auf sich selber zu beziehen, dass sie im vollen Sinne des Wortes ‹frei› genannt werden kann.» (Axel Honneth) Nicht nur ausgegrenzte Arbeitslose haben diese Chance nicht; sie fehlt auch im Arbeitsalltag den allermeisten. Vor allem aber würde sie den Ausgegrenzten die Möglichkeit geben, aktiv ins gesellschaftliche Leben zurückzufinden.

Das Dogma der unveränderbaren Wirtschaftsgesellschaft, die schon längst nicht mehr als eine liberale, offene Gesellschaft angesehen werden kann, ist im politischen Denken tief verankert – als wäre Profitmaximierung wirklich die wichtigste Grundkomponente gesellschaftlichen Wohlstands und Wohlbefindens. Das bedingungslose Grundeinkommen wäre allerdings kein üblicher Wiedereingliederungsversuch Weggedrängter und Ausgestoßener. Das entscheidend Neue am Grundeinkommen läge nicht nur in der Chance, eine Weile nichts zu tun, sich weiterzubilden oder wegrationalisierte Fähigkeiten in neuen Tätigkeitsbereichen besser einzusetzen; das Entscheidende wäre selbstbestimmte und freie Arbeit. Schwerpunktmäßig wäre die jetzige Gesellschaft weiterhin in der globalisierten Marktwirtschaft verankert, aber sie wäre nur schwer wiederzuerkennen. Das wird in absehbarer Zeit so oder so der Fall sein. Die Frage ist also: Wie wird die künftige Gesellschaft aussehen? Der finanzielle Aufwand für ein Grundeinkommen wäre am Anfang hoch. Aber schon mittelfristig würde unter anderem durch erbrachte Leistungen der nicht-profitorientierte Sektor die Höhe der anfallenden Finanzierung erheblich senken. Um Wiedereingliederung oder Ausgliederung im Sinne des herrschenden Ökonomiesystems ginge es allerdings gerade nicht.

Ein bedingungsloses Grundeinkommen wäre auch kein Selbstläufer, der automatisch mehr Freiheit und Selbstbestimmung brächte. Es wäre ein Risiko, aber keine Stunde Null. Es gibt auch schon vage Ansätze. Nimmt man einen weitgefassten Kulturbegriff, findet man überall, nicht nur in Großstädten und großstädtischen Agglomerationen, zahlreiche private Initiativen, Elternschulinitiativen, lokale Bürgerinitiativen, Musik-, Tanz-, Literaturgruppen und -grüppchen sowie Bürgeraktionen (Schule, Seniorentreffs, lokale Protestinitiativen). Es sind meistens Initiativen der Bessergestellten. Im engeren Kulturbereich ist das anders. Hier sind die ärmeren, kreativ Prekären häufig die Initiatoren, mit begrenzter Außenwirkung, weniger mangels Qualität als wegen fehlender Ressourcen. Das Grundeinkommen würde die Lebensqualität aller, nicht nur der vom normalen Leben abgeschnittenen Arbeitslosen, erheblich verbessern; die im bisherigen System Unterprivilegierten oder freiwillig aus der sie entfremdenden Arbeit Ausgeschiedenen bekämen eine Chance, das zu machen, was sie schon immer machen wollten. Aus dem als Wortbildung schrecklichen und sozial diffusen «Prekariat» würde ein Möglichkeitspotenzial.

Das Hauptargument gegen ein bedingungsloses Grundeinkommen bleibt die angeblich offenkundige Nicht-Finanzierbarkeit, obwohl Finanzierungsmodelle noch gar nicht ernsthaft gesucht werden. Die Umsetzung wäre in den wohlhabenden Ländern ohnehin weniger aus finanziellen Gründen unmöglich; es wären vielmehr ideologiebesetzte Gründe, die ein Grundeinkommen verhindern. Entstehen würden, gelänge schließlich die Durchsetzung, neue, selbstgewählte Tätigkeitsfelder (auch mit weiter vom Markt entfernten Produktionskernen); es entstünden neue Lebenswelten und -formen, die gesamtgesellschaftlich das Versorgungsniveau heben würden. Wir wissen inzwischen, wie tief das Lohnniveau auch in den reicheren Ländern sinken kann; gesetzlich vorgeschriebene Mindestlöhne, die den geltenden Marktgesetzen folgen, können das kaum ändern. Sie werden unterlaufen und vergrößern zwangsläufig den Schwarzmarkt. Das Grundeinkommen würde diesen «Notmarkt», der leicht kriminalisierbar ist, entscheidend dezimieren. Aber viel wichtiger: Es würde endlich das Problem der unbezahlten Hausarbeit lösen. Hausfrauen und -männer könnten frei darüber entscheiden, wie viel und welche Hausarbeit und Kindererziehungsarbeit sie selber machen wollen. Es gäbe bezahlbare Helfer, im Haushalt oder in der Erziehung Versierte, vom

Elektriker, Gärtner bis zum Koch, vorzeitig ausgeschiedene Lehrer, Krankenschwestern und Kindergärtnerinnen, die unter humaneren Bedingungen diese Tätigkeiten engagiert ausführen würden. Das Grundeinkommen wäre in diesem Fall ökonomisch eine Art direkte Subventionierung, günstig für den Arbeitergeber und den Arbeitnehmer. Die freiwillige Arbeit ließe sich nicht nur in der Alters- und Krankenpflege qualitativ und quantitativ stark verbessern, sondern auch organisatorisch. Das Gleiche gilt für den Erziehungsbereich. Das Grundeinkommen würde den aus welchen Gründen auch immer aus dem Arbeitsmarkt Ausgeschiedenen frei gewählte Tätigkeiten bieten; Gestresste und Überforderte könnten ganz oder teilweise, wann immer sie es für richtig oder notwendig hielten, aus dem «ersten Markt» ausscheiden, ohne untätig zu werden.

Ein bedingungsloses Grundeinkommen würde die Arbeitsgesellschaft nicht nur tangieren, sondern sie entscheidend verändern. Es würden die heute sich nutzlos und diskreditiert fühlenden Unterstützungsbedürftigen vom Odium der Arbeitslosigkeit befreit und einer wachsenden Zahl «Freischaffender» nützliche, selbstgewählte und kreative Tätigkeiten ermöglicht. Utopisch? Weit weg geträumt?

Unsere Lebenswelten würden umgekrempelt, nicht zwangsläufig und nicht selbstverständlich. Wir sind auf notwendige Abhängigkeit genormt und getrimmt und auf Selbstbestimmung eher schlecht vorbereitet. Die guten Erfahrungen der Achtundsechziger-Revolte, bisher eher als Ausrutscher und historischer Schutt angesehen, könnten, entideologisiert und neu eingeschätzt, nützlich sein. Ein Solidarkonzept wie die Genossenschaftsidee, die nach dem

Ersten und Zweiten Weltkrieg viel Hoffnungen weckte und scheiterte – oder nur unter Preisgabe des Solidarprinzips, mit der Worthülse «Genossenschaft» versehen, ökonomisch reüssierte. Auch die nach dem Zusammenbruch des Staatskommunismus wiederbelebte Idee des Kommunitarismus, genossenschaftliches Denken zu rehabilitieren, scheiterte, weil zu abstrakt diskutiert, nach kurzer Blütezeit folgenlos.

Kleingenossenschaften hätten mit einem bedingungslosen Grundeinkommen andere, günstigere Bedingungen. Zum Beispiel solidarisch aufgebaute Kranken- und Altenpflege, gestützt auf aus dem normalen Arbeitsprozess ausgeschiedene Fachkräften und Laien, die mit den in der Praxis gewonnenen und gewinnbaren Erfahrungen nicht lange «Laien» blieben. Oder dahinsiechende Handwerksbetriebe, ebenfalls mit gemischt ausgebildeten Kräften, die heute schon, wären sie lebensfähiger, viel intensiver arbeiten könnten, würden wiederbelebt. Oder Landwirtschaftsbetriebe in prekären Lagen, die gemeinsam Maschinen und Verwaltung und auch die Arbeit gemeinsamer organisierten, könnten, als Landwirtschaftsgärtner, in der harten Weltwirtschaftskonkurrenz ökonomisch überleben.

Die rapid alternden und überholten Ausbildungskerne sowie intensives und überhöhtes Arbeitstempo, auch bei qualifizierten Tätigkeiten, zeigen frühen physischen und psychischen Verschleiß und machen einen sinnvollen Ausstieg aus der «Lebensarbeit» wünschbar und nötig, mit der Chance, frei gewählte Tätigkeiten mit flexibler Arbeitsdauer aufzunehmen. Der Spezialist, angeödet von der Routine im Hightech-Betrieb; der frühere Lektor und Kleinverleger, der sein Wissen und seine Erfahrungen im marktgerechten

Großbetrieb nicht mehr so einsetzen kann, wie er möchte; der von anödenden Lehrplänen frustrierte, im normierten Betrieb desillusionierte Lehrer – sie alle könnten in freieren Institutionen verlorenes Engagement und Kreativität zurückgewinnen und sinnvoll neu einsetzen. Beispiele gibt es in allen Berufsbereichen.

Faktisch haben wir alle nicht nur ein Leben, sondern mehrere. Wir bewegen uns andauernd in Parallelwelten, weil die Arbeitswelt nicht mit der privaten korrespondiert, weil immer weniger lebenslang nur einen Partner haben, weil die berufliche und geographische Mobilität selbstverständlicher geworden ist. Daran würde ein bedingungsloses Grundeinkommen erst mal nichts ändern. Die Chance, zwischen freier und fremdbestimmter Tätigkeit wählen zu können, würde uns jedoch längerfristig sowohl für die globalisierte Ökonomie produktiver als auch gegen die globalisierte Ökonomie resistenter machen. Wobei eine wichtige Frage lautet: Wäre das Grundeinkommen nur ein Modell für reiche und relativ reiche Gesellschaften?

Die gebräuchlichen Arten staatlicher Entwicklungshilfe für arme Länder versickern, trotz fundierter Kritik daran, zu häufig in korrupten Vernetzungen. Mit der Subventionierung großer, staatsnaher oder staatseigener Produktions-, Bildungs- und Gesundheitsprojekte ist das zwangsläufig. Bewährt, wenn auch viel zu wenig konsequent praktiziert, haben sich Zuwendungen an kleine Gruppen und kleine Kooperativen, auch und gerade dort, wo in den jeweiligen Notgebieten aus unserer Sicht mit relativ rückständigen Arbeitsmethoden und Arbeitsgeräten produziert wird – nicht überraschend, weil materielle Not kreative Phantasie freisetzt. Finanzierung und Unterstützung kleiner Gruppen und Einzelner wäre sinnvoller, weil gerechter und effizienter. Besser wäre also eine konsequente Entwicklungshilfe für Familien- und Dorfgruppen, die, auch wenn nicht die allerneusten Geräte im Einsatz wären, ihrer eigenen Kultur gemäße Produkte herstellten könnten, die sich auch gerechter verteilen ließen. Den im kolonialen und postkolonialen Ausbeutungssystem Zurückgeworfenen und Gedemütigten ist nicht mit einer kleinen, elitären, gut ausgebildeten, aber meist korrupten Regierung und Verwaltung zu helfen. Ein Grundeinkommen würde nicht nur die extreme Armut aufheben; es würde kreative Kräfte entfalten, nicht nur im lokalen ökonomisch-kulturellen Bereich.

Die «arbeitsfreie» Gesellschaft hat schon Konturen, unsoziale. Die solidarische Gesellschaft ist und bleibt ein Wunschgebilde. Eine solidarischere als die jetzige, die Ressourcen gerechter und sinnvoller verteilt, ist eine bisher ungenutzte Chance. Das «falsche Leben» ist mit Kritik allein nicht korrigiert, auch nicht, wenn man das «bessere Leben» theoretisch-moralisch an sensibleren, realitätsnäheren Kriterien misst. Wir müssen wissen, was uns beschädigt. Wir brauchen Vorstellungen, auch Normen dafür, wie die gesellschaftlich Ausgegrenzten menschenwürdiger leben können. Der Mensch als Raubtier lässt die Not den anderen. Er versucht auszugrenzen, was ihn stört.

Und die anderen? Der globalisierte Markt entwickelt Steuerungsmechanismen, die er rücksichtslos einsetzt (auch mit Unterstützung der Nationalstaaten). Genauso braucht eine «arbeitsfreie», arbeitslosere Gesellschaft Eingriffsmöglichkeiten, die über die politisch mühsamen und immer halb gescheiterten Hilfsmaßnahmen hinausgehen. Den wohligen Sozialstaat gab es nie und braucht es nicht. Den gerechteren Sozialstaat, der Selbstbestimmung für wichtiger erachtet als Profite, braucht es schon.

Doch nochmal: Ist das bedingungslose Grundeinkommen nicht schlicht ein utopisches Modell? Oder haben wir inzwischen einfach Angst davor, wünschbar Notwendiges für möglich zu halten? Angst davor, utopisch Scheinendes realisierbar zu machen? Angst vor einem undogmatischen Konzept, das aufgrund der Erfahrungen der zu Ende gehenden Dominanz der Industriegesellschaft praktisch erprobbar wäre? Mit Recht sagt Wolfgang Engler, dass, um Respekt zu finden, die Menschen weder ununterbrochen tätig noch ununterbrochen um das allgemeine Wohl besorgt sein müssen. Das Prekariat ist heute ein noch unscharfes, wenig analysiertes und reflektiertes gesellschaftliches Phänomen. Es wächst und ist nicht mit der Zahl der Arbeitslosen, die als alleiniger Gradmesser angesehen wird, gleichzusetzen, weil sie weder die Schwarzarbeit noch die aus dem sozialen System Herausfallenden berücksichtigt.

Ein Grundeinkommen, ob für einige oder alle, wird kein Geschenk. Es braucht Aufklärung und möglichst viele engagierte Mitstreiter; es braucht artikuliertes Wollen, Aufbegehren, auch Wut. Der Kern, Chancengleichheit und Selbstbestimmung, ist nicht neu und nichts Unmögliches.

Wenn wir überhaupt noch an notwendige Veränderungen denken, wenn Gerechtigkeit und Freiheit tatsächlich so viel bedeuten, wie es von allen Seiten immer wieder zu vernehmen ist, dann wäre das bedingungslose Grundeinkommen ein wichtiges Moment. Arbeitsfrei hieße nicht in allen Fällen, ohne Arbeit zu sein, nicht zu arbeiten; es hieße in jedem Fall, dass es freiwillige, individuell bestimmte Tätigkeiten wären. Die beiden Welten, das Globale und das Lokale, Arbeit und freie Tätigkeit, würden nicht – wie immer wieder behauptet wird –, quer zueinanderstehen. Sie würden miteinander konkurrieren. Der Einzelne bekäme die Chance, die eigene Lebenswelt freier zu wählen und sein eigenes Leben freier zu führen. Wir wissen inzwischen, dass die globalisierte Ökonomie nicht nur die Betroffenen hilflos macht, auch die Ökonomen irren mit ihren hochdifferenzierten Analysen und Modellen im Ungewissen herum, selbst wenn sie es sich nicht anmerken lassen.

Das großstädtische Milieu, das schon immer und in allen Gesellschaften trostlos vegetierende und leicht kriminalisierbare Randgruppen aufweist, vermag heute kaum Gegenkräfte zu mobilisieren. Andererseits hält der Drang, in die großstädtischen Agglomerationen zu ziehen, an, auch wenn die Produktions- und die Dienstleistungsbetriebe unter den gegenwärtigen Bedingungen in den Ballungszentren längst nicht alle beschäftigen können – und wenn, dann viele nur zu unsäglich niedrigen Löhnen. Nicht wenige leben unter schwer vorstellbaren Bedingungen, die öffentlich nur in Einzelfällen sichtbar werden. Unter den Prekären in Randmilieus, mit erlittenen Demütigungen und erkämpfter Überlebensfähigkeit, waren aber schon immer auch Ausgeschlossene mit schöpferischen Energien. In geglückten Fällen Provokateure kultureller Innovationen.

Es wäre sinnvoll, marktorientierte Projekte, die sich durchsetzen, nicht auch noch vom Staat her zu unterstützen, sondern sie dem Markt zu überlassen, während (gewollt oder gezwungenermaßen) marktunabhängige Gruppen viel dringender einer Mindestausstattung bedürfen. Das Paradoxe dabei ist ohnehin: Die meisten innovativen kulturellen Projekte gehen heute von *low-budget*-Initiativen aus, was zwar bekannt ist, aber ungenügend gewürdigt wird. Man kann sie mit gutem Grund als Symptom nehmen, wie ein Grundeinkommen zunächst im Lokalen, also in konkreten Lebenswelten, selbstverantwortliche Initiativen lebensfähig halten würde. Die Grundannahme ist einfach: Die Leute vor Ort, wenn sie die Möglichkeit dazu haben, wissen viel besser, was getan werden könnte und getan werden müsste, als die Politiker und die Intellektuellen. Die Ausgegrenzten und Verunsicherten brauchen ökonomisch die Chance, sich Grundwissen nicht nur aneignen, sondern auch anwenden zu können. Und alle hätten die Chance, ihr Leben selbstbestimmt zu führen. Utopisch? Realistisch ist es, das nicht machbar Scheinende zu verwirklichen.

# Teil der Lösung

*Von Katja Kipping*

Im Jahr 2007 sprach ich in Basel auf dem zweiten internationalen deutschsprachigen Grundeinkommenskongress. Wer hätte damals gedacht, dass neun Jahre später das Grundeinkommen in der Schweiz zur Abstimmung kommt? Wer hätte damals gedacht, dass die Grundeinkommensbewegung in Deutschland, in Europa und weltweit so erstarkt? Inzwischen ist das Basic Income Earth Network (BIEN) global aktiv und hat sich zunehmend politisiert. Infolge der Aktivitäten und der Vernetzung rund um die Europäische Bürgerinitiative Grundeinkommen wurde das Netzwerk Unconditional Basic Income Europe (UBIE) gegründet. In Deutschland hat sich die Grundeinkommensbewegung mit anderen sozialen Bewegungen an einen Tisch gesetzt und gemeinsame Aktionen gestartet – so beispielsweise die Kampagne für Volksabstimmung und Grundeinkommen *Wir wollen abstimmen*. Außerdem gibt es die Suche nach politischen Schnittmengen mit der wachstumskritischen Degrowth-Bewegung. Und auch in der Feminismus-Debatte ist das Grundeinkommen nicht mehr wegzudenken.

Damit wird klar: Das Grundeinkommen ist ein Bestandteil einer notwendigen gesellschaftlichen Transformation. So sah es auch einer der Begründer der Idee, Thomas Spence.

Und so sahen es die vielen anderen Streiter für die Idee des Grundeinkommens.

Es geht heute beim Grundeinkommen im Kern um soziale Gerechtigkeit, die keinen ausgrenzt, die jedem Menschen gleiche Möglichkeiten der freien individuellen Entfaltung gibt. Es geht um eine Demokratie, die wirklich lebendig ist, die Menschen beflügelt, für gute Lebens- und Arbeitsbedingungen zu streiten. Und es geht um eine Gesellschaft, die um die Endlichkeit der Naturressourcen weiß, um die Verletzlichkeit der Natur, unserer Lebensgrundlage.

Damit wird aber auch klar: Wir brauchen eine grundlegende Demokratisierung der Gesellschaft, der Politik, der Wirtschaft, der internationalen Beziehungen – des jeweiligen Landes, der Europäischen Union, der Welthandelsbeziehungen und der Weltgemeinschaft. Und es geht natürlich auch um eine Neuordnung der Geschlechterverhältnisse, die Schluss macht mit der Diskriminierung und doppelten Ausbeutung der Frauen in Wirtschaft und Gesellschaft; die das Prinzip der guten Care-Ökonomie, nämlich die Bedürfnisbefriedigung voneinander abhängiger Menschen, zum obersten Ziel des Wirtschaftens macht – und nicht, wie heute, die Rendite, den Profit und die Konkurrenz auf dem Markt.

Ich halte das Grundeinkommen wegen seiner Demokratieförderlichkeit für unabdingbar: Kein Mensch muss sich aus Existenznot und wegen drohender materiell bedingter Ausgrenzung erpressen oder entwürdigen lassen. Formale politische Partizipationsmöglichkeit reicht nicht aus, sie muss auch materiell begründet sein. Ein solcher Grund ist das Grundeinkommen. Das Grundeinkommen anerkennt jeden Menschen als Bürger, der sich in das öffentlich-politische Leben einbringen kann. Das ist soziale Gerechtigkeit, weil sie der Abwertung von Menschen entgegentritt und die Autonomie des Menschen in einem Gemeinwesen voneinander Abhängiger befördert.

Mit einem Grundeinkommen kann man auch nein sagen zu ökologisch bedenklicher Produktion und ja sagen zu einer solidarisch-ökologischen Produktion mit Gleichgesinnten, der es um die Befriedigung der Bedürfnisse der Menschen geht. Folgende Fragen werden dabei bedeutend: Wer bestimmt eigentlich darüber, wie wir mit den uns allen gehörenden natürlichen und sozialen Ressourcen umgehen? Wer bestimmt, was produziert und somit auch konsumiert werden kann, wie wir gemeinsam leben und arbeiten?

Schauen wir uns ein Gründungsdokument für ein «freies und vereintes Europa» an – das *Manifest von Ventotene*. Verfasst wurde es von den italienischen Antifaschisten Altiero Spinelli, Ernesto Rossi und Eugenio Colorni während ihrer Gefangenschaft auf der italienischen Insel Ventotene im Jahr 1941. Spinelli war von 1970 bis 1976 Mitglied der Europäischen Kommission und ab 1976 Abgeordneter im Europäischen Parlament. Er war maßgeblich an der Vertragsdebatte für eine Europäische Union beteiligt.

Im *Manifest von Ventotene* heißt es in einer Passage zur Entwicklung eines progressiven Wirtschaftslebens: «Die dank der modernen Technik beinahe unbegrenzte Leistungsfähigkeit der Massenproduktion lebensnotwendiger Güter gestattet heutzutage allen, mit verhältnismäßig geringen sozialen Kosten, Wohnung, Nahrung und Kleidung zu sichern, so wie ein für die menschliche Würde unverzichtbares Minimum an Komfort. Die menschliche Solidarität denen gegenüber, die im Wirtschaftskampf unterliegen, darf jedoch keine karitativen Formen annehmen, welche den Empfänger demütigen und gerade jene Übel erzeugen, deren Folgen man zu bekämpfen wünscht. Man soll im Gegenteil eine Reihe von Maßnahmen ergreifen, die jedem bedingungslos einen angemessenen Lebensstandard ermöglichen, sei er arbeitsfähig oder nicht, ohne indes den Anreiz zum Arbeiten und zum Sparen zu verringern. So wird niemand mehr aus Elend dazu gezwungen werden, abwürgende Arbeitsverträge anzunehmen.»

Klar war den Verfassern des Manifests, dass ein freies Europa die Freiheit der Menschen von sozialer Not und demütigender sozialer Absicherungen beinhaltet, ebenso die Freiheit, Souverän der eigenen Arbeit zu sein und die gesellschaftliche Produktion mitzubestimmen. Es ging ihnen um eine bedingungslose Absicherung aller Menschen. Denn diese ist für eine Gesellschaft nötig, «in der tatsächlich alle Bürger am politischen Geschehen teilhaben können».

Einige Gründungsmütter und -väter des jungen Netzwerks UBIE, Vertreter der deutschen und österreichischen Grundeinkommensnetzwerke sowie Attac-Arbeitsgruppen zum Grundeinkommen haben durch politische Interventionen erreicht, dass das Europäische Parlament mit großer Mehrheit Prüfaufträge zum Grundeinkommen sowohl an die Europäische Kommission als auch an die EU-Mitgliedsstaaten erteilt hat. Es soll geprüft werden, inwieweit ein Grundeinkommen dem Ziel der Bekämpfung von Armut und sozialer Ausgrenzung dienen kann. Eingebracht in das Europäische Parlament wurden die diesen Beschlüssen zugrundeliegenden Berichte in einem Fall von einer Abgeordneten der deutschen Linkspartei, im anderen Fall von einer Abgeordneten der Kommunistischen Partei Portugals.

Die Europäische Union sozial gerecht und demokratisch zu gestalten, ist auch das Anliegen des *Citizens Pact for European Democracy*. Dieses Manifest wurde in drei Jahren und während über 60 Veranstaltungen mit Bürgern aus ganz Europa erstellt und vor der Wahl zum Europäischen Parlament im Jahr 2014 den Abgeordneten vorgelegt. Es enthält Vorschläge für die Durchsetzung der parlamentarischen Demokratie (durch vollständige Gesetzgebungsmöglichkeiten des Europäischen Parlaments und die Wahl der Abgeordneten auf transnationalen Listen), zur Demokratisierung europäischer politischer Institutionen und für die demokratische Erarbeitung einer neuen europäischen Konvention. Instrumente der direkten Demokratie (Bürgerinitiativen) sollen gestärkt, öffentliche Ausschreibungen auf allen regionalen Ebenen durch Bürger mitbestimmt und der Bankensektor strikt auf eine Gemeinwohlfunktion festgelegt werden.

Einen breiten Raum nimmt in diesem Manifest die Umsetzung sozialer Grundrechte in ganz Europa inklusive eines Grundeinkommens ein. Das Grundeinkommen soll allen Einwohnern in der EU zustehen. Ein Ziel des Grundeinkommens sei es, so das Manifest, eine aktive und integrative Unionsbürgerschaft zu befördern.

Europa zu einem demokratischen und sozialen Gebilde zu machen, das ist auch das Anliegen von Democracy in Europe Movement 25 (DiEM25). Diejenigen, die von Entscheidungen betroffen sind, müssen diese Entscheidungen auch mitbestimmen dürfen, so das Ziel der Bewegung. Yanis Varoufakis, ehemaliger griechischer Finanzminister sowie Motor der

DiEM25-Bewegung, und viele andere haben dabei eine klare Haltung zum Grundeinkommen: Ein Grundeinkommen hat ihrer Ansicht nach die Aufgabe, den gesellschaftlichen Reichtum von oben nach unten umzuverteilen und somit die materielle Gestaltungsmacht der Bürger zu stärken. Mit einem Grundeinkommen lässt sich auch eine soziale Unionsbürgerschaft für Europa begründen, sogar – bezogen auf die globale Ebene – eine Weltbürgerschaft für alle Menschen. Denn ein Grundeinkommen ist ein Menschenrecht, ein globales soziales Recht, wie das Recht auf anständige Erwerbsarbeitsbedingungen, Bildung, Kultur, politische Teilhabe, Gesundheitsversorgung und Freizügigkeit der Menschen.

Die Mächtigen dieser Welt haben Angst – auch die Mächtigen in Deutschland: Wo kämen wir denn hin, wenn jeder, aufrechten Ganges, gemeinsam mit anderen Menschen das gute Leben definierte – und die Rahmenbedingungen dafür gestaltete? Das Grundeinkommen stellt die Machtfrage, auf allen Ebenen der Gesellschaft.

Wir brauchen eine politische, wirtschaftliche und soziale Neuordnung in Europa – auch eine, die sich nicht auf Kosten weniger entwickelter Länder gesundstoßen will. Denn autokratische, mächtige Lobbyisten und Institutionen hindern die Europäer daran, eine demokratische Kontrolle und Bestimmung über ihre Währung, ihre Finanz- und Wirtschaftsbeziehungen, ihre eigenen Arbeitsbedingungen und ihre Umwelt auszuüben. Dies muss geändert, die Entscheidungsmacht aus den Hinterzimmern der undemokratischen Institutionen vertrieben und die direkte demokratische Einflussnahme und Kontrolle der Wirtschaft und Politik errungen werden. Dies wird durch ein Grundeinkommen befördert.

Das Grundeinkommen, also eine bedingungslose Absicherung der materiellen Existenz und gesellschaftlichen Teilhabe, stellt auch die Umverteilungsfrage – und das muss es auch: Denn die Konzentration von Reichtum in den Händen weniger ist nichts anderes als die Konzentration von Macht in den Händen weniger – und zugleich verschärfte Armut und materielle Unsicherheit vieler. Von daher müssen Grundeinkommenskonzepte auf den Prüfstand, ob sie wirklich Reichtum und Macht der Reichen und Mächtigen abbauen oder beibehalten bzw. festigen – und damit die demokratieförderliche Funktion des Grundeinkommens ins Gegenteil verkehren.

Geprüft werden muss dabei nicht nur, ob das jeweilige Grundeinkommenskonzept wirklich bedingungslos die materielle Existenz und gesellschaftliche Teilhabe fördert, also hoch genug ist. Es muss auch diskutiert werden, ob die Finanzierung mit bestimmten Steuern tatsächlich geeignet ist, Macht und Reichtum umzuverteilen. Diese Prüfung muss erfolgen, damit mit der Ausgestaltung des Grundeinkommens emanzipatorische Effekte für alle Bürger erreicht werden.

Die Debatte zum Grundeinkommen muss weiter entfacht werden. Die Grundeinkommensbewegung, die sich mit anderen sozialen Bewegungen an einen Tisch setzt und nach Gemeinsamkeiten Ausschau hält sowie gemeinsame politische Strategien entwickelt, muss und kann mehr als «nur» 23 Prozent der Menschen erreichen – so viel, wie die Schweizer Volksabstimmung an Zuspruch erhielt.

Mit der ökologischen und wachstumskritischen Bewegung kann diskutiert werden, wie wir den Ausverkauf der Natur und unserer natürlichen Lebensgrundlagen unterbinden können sowie welche Funktion das Grundeinkommen für eine sozialökologische Transformation haben kann. Die deutsche Grundeinkommensbewegung hat dabei schon viele Fortschritte erzielt.

Mit der feministischen Bewegung kann diskutiert werden, wie die doppelte Ausbeutung von Frauen, einmal in der Lohnarbeit und einmal in der unbezahlten Sorgearbeit, abgeschafft werden kann. Es geht also letztlich um eine gerechte Verteilung des gesellschaftlichen Reichtums und der notwendigen Arbeit auf alle – ohne Zwang. Das Grundeinkommen, so die Überzeugung von Feministen, setzt dabei den unverstellten Blick auf das wirklich Notwendige frei, statt «notwendige» Arbeit aus Profitsicht zu definieren und durch Existenznot zu erzwingen. Auch hier hat die deutsche Grundeinkommensbewegung schon viele Ergebnisse der gemeinsamen Debatten vorzuweisen.

Mit der Demokratiebewegung kann die Grundeinkommensbewegung für radikale demokratische Reformen streiten, die natürlich weit über das Thema Volksabstimmung hinausgehen. Es geht um eine radikale Demokratisierung aller gesellschaftlichen und wirtschaftlichen Bereiche.

Halten wir fest: Das Grundeinkommen ist nur so gut, wie es gemeinsam erstritten und umgesetzt wird. Es bedarf also einer Debatte und Umsetzung des Grundeinkommens, die alle mitnimmt. Dann hat es große Chancen in Deutschland, in Europa, weltweit.

# Demokratische Konsequenz

*Von Sascha Liebermann*

Die Diskussion um ein Ende der Arbeitsgesellschaft – die sich immer nur auf Erwerbstätigkeit bezog – ist mit voller Wucht zurückgekehrt. Jüngst sind es etwaige Folgen der Digitalisierung, die der Debatte neuen Auftrieb gegeben haben, denn manche Studien gehen von erheblichen Auswirkungen auf die Arbeitswelt aus. Allerdings beziehen sich diese Studien meistens auf die USA, für Deutschland werden geringere Auswirkungen erwartet. Wenngleich es strittig ist, ob deswegen technologische Arbeitslosigkeit entstehen wird, sind manche der Überzeugung, dass deswegen ein bedingungsloses Grundeinkommen über kurz oder lang eingeführt werden müsse. Es sei geradezu zwingend.

Schaut man in der Vergangenheit nach Anzeichen für diese starke These, so eignet sich für eine Einschätzung dazu das Arbeitsvolumen gemessen in Jahresstunden. Zumindest deutschlandweit scheinen Berechnungen des Historikers Gerhard Schildt für einen langen Zeitraum das starke Sinken des Arbeitsvolumens zu bestätigen. Vor wenigen Jahren allerdings monierte Kai Eicker-Wolf, dass die Diskussion über technologische Arbeitslosigkeit einseitig und kurzsichtig geführt werde. Zu sehr werde die Entwicklung des Arbeitsvolumens in Deutschland dazu herangezogen, andere

OECD-Länder würden gar nicht berücksichtigt. Gerade sie allerdings hinterlassen, so Eicker-Wolf, ein gespaltenes Bild in Sachen Arbeitsvolumen, denn in manchen Ländern ist es gestiegen, in manchen gesunken.

Eicker-Wolfs Betrachtung ist jedoch – bei aller berechtigten Kritik an der verkürzten Diskussion – ebenso voreingenommen. Denn er sieht diese Daten als Gegenbeleg, den sie jedoch ebenfalls nicht bieten. Die Frage, ob die Entwicklung in Deutschland und den anderen Ländern, die für ein sinkendes Arbeitsvolumen stehen, nicht noch stärker hätte ausfallen können, wenn die Automatisierung mit offenen Armen begrüßt worden wäre, stellt er nicht einmal. Dabei haben verschiedene öffentlich präsente Autoren genau dies geäußert.

So interessant es ist, sich mit der Frage zu befassen, was die voranschreitende Digitalisierung wohl mit sich bringen wird, so bleibt es dennoch kurzschlüssig und geradezu irreführend, sie mit einem Grundeinkommen notwendig zu verbinden. Mögliche Folgen der Digitalisierung als Grund dafür anzuführen, dass es ein bedingungsloses Grundeinkommen geben müsse, reduziert letzteres auf eine Reparaturleistung für einen entstandenen Schaden (Verlust des Einkommensplatzes, sinkendes Arbeitsvolumen). Damit soll nun nicht gesagt sein, dass ein Grundeinkommen solche Folgen, wenn sie denn einträten, nicht auffangen könnte – in der Tat bietet es dafür eine interessante Antwort. Es hängt in seiner Berechtigung jedoch nicht von dieser Entwicklung ab. Von daher ist es wichtig, die Diskussion um Digitalisierung und Grundeinkommen vom Kopf auf die Füße zu stellen.

Es war vor drei Jahrzehnten Ralf Dahrendorf, der anders

für ein Grundeinkommen argumentierte, ohne nähere Ausführungen über die Ausgestaltung zu machen. Selbst einer derer, die das Ende der Arbeit kommen sahen, hielt er es für abwegig, das Grundeinkommen auf eine technische Frage zu reduzieren, es also instrumentell zu betrachten. Was damals schon eine ungewöhnliche Perspektive war, ist es auch heute noch. Umso mehr überrascht es, wie sehr Dahrendorf in der Selbstdeutung der Gesellschaft als Arbeitsgesellschaft steckenblieb und seinem eigenen Argument nicht recht traute, wie es im Nachhinein scheint.

Dahrendorf stellte zwar die politische Vergemeinschaftung der Staatsbürger in der Demokratie ins Zentrum seiner Überlegungen und schlug von dort aus die Brücke zum – wie es damals genannt wurde – garantierten Grundeinkommen. Dennoch ist sein Aufsatz *Ein garantiertes Mindesteinkommen als konstitutionelles Anrecht* (1986) sonderbar ambivalent, wie folgendes Zitat zeigt: «Es ist uns auch noch keine andere Basis für das Selbstbild und Selbstbewusstsein von Menschen eingefallen als die Berufsposition. Nicht zufällig wird noch die Emanzipation von Frauen an ihr festgemacht. Und wo es Ansätze zu anderen Pflöcken für das Selbstbild gibt – etwa sportliche Leistungen oder Errungenschaften der Freizeittätigkeit –, haben diese meist eine verdächtige Ähnlichkeit mit der Arbeit. Es ist uns vor allem noch nicht gelungen, andere Prinzipien für die Strukturierung des Zeithaushalts von Menschen zu finden als die der Erwerbsarbeit. Wenn der Fixpunkt der Berufsarbeit fehlt, wissen Menschen oft nicht, woran sie ihren Tages-, Wochen-, Jahresplan festmachen sollen (am Fernsehprogramm?).»

Die seit etlichen Jahren im deutschsprachigen Raum mal

mehr, mal weniger intensiv geführte Grundeinkommensdiskussion richtete sich, im Unterschied zu den 1980er Jahren, von Anbeginn an die Öffentlichkeit und nicht an spezifische Milieus. Noch immer aber sorgt der Vorschlag eines Grundeinkommens nicht selten für Kopfschütteln. Utopisch sei das, ein riskantes Experiment mit ungewissem Ausgang, es sei gar gefährlich, eine Aufkündigung des Gesellschaftsvertrags oder ein Rütteln an den Grundfesten des Zusammenlebens.

Utopisch, wäre zu entgegnen, ist jede Überlegung, die ein mögliches Anderssein im Verhältnis zur Gegenwart entwirft. Insofern zeichnet es die menschliche Praxis aus, dies zu jeder Zeit tun zu können und sich immer relativ zu Alternativen zu bestimmen. Das utopische Moment der Alltagsroutinen ist, dass sie jederzeit umgestürzt werden können. In der Demokratie hat diese Fähigkeit ihre politische Ordnungsform gefunden, wenn man so will. Ungewiss, experimentell, bliebe zu ergänzen, ist der Ausgang jeder lebenspraktischen Entscheidung, die in einfachsten Vollzügen des Alltags getroffen wird, denn sie weist in die Zukunft. Was sie bringen wird, können wir nicht wissen, wenngleich wir alles Mögliche vorhaben. Doch ob die Vorhaben wirklich werden, das können wir nicht einmal für den nächsten Tag sagen. Ganz so war es mit der Einführung der Demokratie, der Sozialversicherungen, dem allgemeinen Wahlrecht und anderen Errungenschaften. Was sie auszeichnet, ist also kein Makel des bedingungslosen Grundeinkommens.

Über diese Konfrontation mit der offenen Zukunft, die der Vorschlag eines Grundeinkommens provoziert, kann keine Modellsimulation hinwegtrösten. Kein Feldexperiment hilft dabei, diese Offenheit zu schließen. Ihr kann sich ein Gemeinwesen lediglich stellen, so wie es sich einst, aus feudalen Verhältnissen kommend, den Möglichkeiten der Demokratie stellen konnte oder am Alten hätte festhalten müssen. Ob eine Entscheidung etwas taugen wird, lässt sich nicht mit Argumenten garantieren, weil diese nur Plausibilitätsketten bilden, die für die Vergangenheit sprechen. Sie sind fehlbar gerade angesichts der Zukunft.

Apropos Feldexperiment: Was würde es denn herausfinden wollen oder können? Etwa, dass die Menschen in der Lage sind, ein mündiges, vernünftiges, selbstbestimmtes Leben zu führen? Würde ein Experiment also nur die Realität verdoppeln wollen, in dem es untersuchte, was heute längst Alltag ist, und zwar Alltag und Voraussetzung einer Demokratie? Tatsächlich würde ein Feldexperiment einer Entmündigung gleichkommen, weil es infrage stellte, was Voraussetzung des Zusammenlebens in der Demokratie ist. Ganz praktisch gesehen könnte es die Demokratie deswegen beschädigen.

Bleibt deswegen lediglich die fahrlässige Haltung, sich mit geschlossenen Augen ins Ungewisse zu stürzen, wie dann allzu schnell eingewandt wird? Keineswegs. Für die empirische Auslotung der Voraussetzungen, die ein Grundeinkommen zum Gelingen benötigt, bietet sich nur ein Weg an, der belastbare Befunde verspricht: den Blick auf die Vergangenheit zu richten. Was sich aus ihr darüber erschließen lässt, weshalb Menschen so handelten, wie sie handelten, kann ins Verhältnis dazu gesetzt werden, was ein Grundeinkommen mit sich brächte und erforderte, um zum Fortbestehen eines Gemeinwesens beitragen zu können. Es gilt also herauszufinden, ob ein Grundeinkommen seinem Charakter nach mit den handlungsleitenden Überzeugungen und der politischen Ordnung korrespondieren würde oder nicht. Das ließe zwar noch immer keine Aussagen darüber zu, wie tatsächlich gehandelt werden wird. Es könnte aber aufklären, ob denn ein Grundeinkommen die Grundfesten heutiger Gemeinwesen seiner Struktur nach erschütterte oder nicht.

Wenn demokratisch verfasste Gemeinwesen als Arbeitsgesellschaft bezeichnet werden, was außerordentlich verbreitet ist, dann wird ein Unterschied zwischen zwei verschiedenen elementaren Sozialbeziehungen übergangen. So entsteht Verwirrung. Ein Gemeinwesen wird von seinen Angehörigen getragen, in der politischen Ordnung der Demokratie sind das die Staatsbürger. Deswegen haben sie Rechte und Pflichten, müssen nicht nur tolerieren und respektieren, was auf demokratischem Wege entschieden wird, sondern zugleich das Entschiedene tragen und damit seinen Erhalt befördern. Staatsbürger sind als ganze Menschen gefragt, sie kennen keinen Feierabend und keine Ferien. Sie werden nicht an ihrer Leistung gemessen und zu diesem Zweck weder eingestellt noch entlassen. Es zählt allein die Zugehörigkeit um ihrer selbst und um des Gemeinwesens willen. Deswegen sind sie nicht austauschbar.

Ganz anders ist das in der «Arbeitsgesellschaft», wenn wir damit all die Beziehungsformen meinen, in denen der Einzelne der Erstellung einer Leistung in Gestalt eines von ihm ablösbaren standardisierten Produkts dient. Er wird für einen bestimmten Zweck, der sich ändern kann, eingestellt und daran bemessen, ob er ihm dienlich ist. Wo das nicht der Fall ist, er sich nicht eignet oder es andere Gründe gibt, ohne ihn weiterzugehen, wird er entlassen, ganz so, wie ein Mitarbeiter aus entsprechenden Gründen kündigen kann. Er ist austauschbar. Gerade das ermöglicht es, dass Organisationen jeder Art fortbestehen können, wenn Mitarbeiter sie verlassen.

Wenn nun, wie außerordentlich verbreitet, behauptet wird, dass Erwerbsarbeit Anerkennung und soziale Integration erlaube und mit sich bringe, dann wird zweierlei vermischt, das auseinanderzuhalten wäre: Die Anerkennung der Person für die Leistung, die sie erbracht hat (funktions- bzw. aufgabenbezogen) und nur deretwegen sie Mitglied einer Organisation ist auf der einen Seite; und die Anerkennung der Person um ihrer selbst willen – also ohne Bezug darauf, ob sie etwas leisten wird oder schon geleistet hat. Wo es um die Bewältigung von Aufgaben und Leistungserbringung geht, wird der Einzelne nicht um seiner selbst willen anerkannt und ebenso wenig wird er um seiner selbst willen integriert. Es ist also durchaus missverständlich, wenn heute in Sozialbeziehungen, in denen die Aufgabenbewältigung entscheidend ist, davon gesprochen wird, es gehe um den ganzen Menschen. Um ihn geht es darin gerade nicht.

Es ist die republikanische Demokratie westlicher Prägung, in der die Anerkennung der Person als Angehörige des Gemeinwesens um ihrer selbst und um des Gemeinwesens willen selbstverständlich ist. Nicht erhält sie ihren Status als Bürger durch eine erbrachte oder zu erbringende Leistung. Es ist diese Vergemeinschaftung als politischer Solidarverband, die es erst möglich macht, zugewanderte Menschen aufzunehmen und ihnen den gleichen Status zuzuerkennen – unabhängig davon, was sie geleistet haben oder leisten werden. Das Bekenntnis zu bedingungslos geltenden Rechten (Grund- bzw. Bürgerrechte) entspricht einem Reziprozitätsbegriff, dem die Person und das Gemeinwesen, dem sie angehört, Selbstzweck sind. Der Zusammenhang besteht um seiner selbst willen. Er ist das Fundament, das sich grundlegend von der eng gefassten Reziprozität von Leistung und Gegenleistung unterscheidet.

Zwar ist ein Gemeinwesen darauf angewiesen, dass sich seine Angehörigen einbringen, die politische Ordnung tragen und Kritik vorbringen, wo sie dies für notwendig erachten. Sie müssen sich stets fragen, was und wie sie zum Wohlergehen des Ganzen mittelbar oder unmittelbar beitragen können. Aber die Demokratie verzichtet aus guten Gründen darauf, bestimmte Antworten auf diese Fragen einzufordern und bei Unterlassung zu sanktionieren. Würde sie auf solche Mittel zurückgreifen, erschütterte sie ihre Grundfesten. Das Gemeinwesen muss – es kann nicht anders, wenn es sich als Gemeinwesen erhalten will – auf die Loyalität seiner Bürger setzen oder diese, falls nötig, zum Gegenstand einer öffentlichen Auseinandersetzung machen. Der Status Staatsbürger ist nicht widerrufbar, allenfalls kann die Ausübung von Rechten eingeschränkt werden – als *ultima ratio*.

Es bedarf also eines Souveräns, einer Vergemeinschaftung von Angehörigen, hier den Staatsbürgern – nicht Angestellten, Arbeitern oder Erwerbstätigen –, die darüber befindet, wie sie das Zusammenleben gestalten will. Dafür gibt es bislang keine Instanz oberhalb des Nationalstaats, in der Selbstbestimmung und Demokratie so sehr miteinander zusammenhängen. Es ist nicht auszuschließen, dass es einmal anders werden könnte, doch die bisher entstandenen und von manchen schon als Erben gesehenen Gebilde, auf die dabei hoffnungsvoll geschaut wird, etwa UNO oder EU, sind von dieser Verfasstheit noch weit entfernt, wie gerade die jüngsten Stellungnahmen zu Referenden über das EU-Assoziierungsabkommen oder über das Referendum in Großbritannien erkennen lassen.

Genau dieser Zusammenhang, dass es eines Souveräns bedarf, der darüber befindet, wie er leben und dieses Zusammenleben gestalten will, zeigt die Bedingtheit eines bedingungslosen Grundeinkommens. Es bedarf konkreter Vergemeinschaftungen, die es tragen und verantworten wollen. Davon abzusehen – wie Überlegungen zu einem globalen Grundeinkommen erkennen lassen – liefe auf Selbstentmündigung und Aushöhlung der Demokratie hinaus. Denn wer sollte über eine globale Einführung entscheiden, wenn es keinen globalen Souverän gibt? Und selbst wenn alle politischen Gemeinschaften dieser Welt eines einführen würden, wäre es kein globales Grundeinkommen, sondern lediglich eines, das es in jedem Land gäbe. Diese Bedingtheit ist zugleich der Grund dafür, weshalb ein Grundeinkommen gerade für republikanisch verfasste Demokratien naheliegt. Sie gründen schon auf den Voraussetzungen, die dafür notwendig sind, dass ein Grundeinkommen gelingen kann.

In Gemeinwesen, die sich entgegen ihrer realen Verfasstheit als republikanische Demokratie dennoch als Arbeitsgesellschaft deuten, liegt ein elementarer Widerspruch vor. Wie in vielen Diskussionen um und über das Grundeinkommen scheint er verdeckt zu sein.

Anton Leist ist zwar durchaus zuzustimmen, wenn er

schreibt: «Arbeit war in der neueren Geschichte gesellschaftsbildend» im Sinne aufgabenbezogener Sozialbeziehungen, sofern er damit im weitesten Sinne Erwerbstätigkeit meint. Gemeinschaftsbildend im Sinne der Anerkennung der ganzen Person war Arbeit aber gerade deswegen nicht. In Vergemeinschaftungen wie dem modernen Nationalstaat als Demokratie hingegen sind die Staatsbürger nicht wegen einer bestimmten Funktion oder Aufgabe in ihrem Status anerkannt.

Wenn Studien, so auch sozialwissenschaftliche, herausstellen, wie sehr das Gefühl, dazuzugehören, von Erwerbstätigkeit abhänge, wie bedrückend der Status, arbeitslos zu sein, sei, dann ist das nicht einfach Ausdruck der «Ausgestaltung des elementaren psychologischen Gesetzes von Reziprozität» (Anton Leist). Diese Erfahrung resultiert aus einem bis heute nicht aufgehobenen Widerspruch zwischen fundamentaler Stellung der Staatsbürger und normativer Heraushebung von Erwerbstätigkeit als Beitrag zum Gemeinwohl. In den Systemen sozialer Sicherung (Rente, Arbeitslosengeld, Sozialhilfe) erhält dieser Widerspruch seinen institutionalisierten Ausdruck, der den Vorrang von Erwerbstätigkeit bekräftigt. Folgerichtig leiten sich beinahe alle Leistungen, seien sie versicherungsförmig oder nicht, von Erwerbstätigkeit ab (Rente, Arbeitslosengeld) oder sollen wieder zu ihr hinführen (Sozialhilfe). Die Erwerbstätigen gehen vor, die Staatsbürger haben das Nachsehen.

Ein Grundeinkommen, vor diesem Hintergrund betrachtet, wäre nicht utopisch, wie oft zu hören ist. Ein Grundeinkommen ist auch keine Reaktion auf eine etwaige Digitalisierung, wenngleich auf der Basis eines Grundeinkommens ganz anders darüber diskutiert werden könnte. Ein Grundeinkommen wäre, folgt man diesen Überlegungen, nicht mehr, aber auch nicht weniger als die Konsequenz aus dem Geist republikanischer Demokratie. Wer dies für weithergeholt hält, muss nur einen Blick in die jeweiligen Verfassungen werfen. Ein Grundeinkommen würde den Staatsbürgern – und davon abgeleitet Personen mit Aufenthaltsstatus – den Platz einräumen, der ihnen schon nach der heutigen Verfasstheit von Gemeinwesen gebührt. Mit einem Grundeinkommen würde der Sozialstaat auf das Fundament gestellt, auf dem die Demokratie längst ruht.

# Mehr Faulheit wagen!

*Von Wolf Lotter*

Wer wissen will, was ist, muss die Welt manchmal auf den Kopf stellen. Recht weitläufig gedacht, führt dieser Perspektivwechsel nach Australien und Ozeanien, unserem Antipoden, dem geographischen Gegenüber. Um etwas zu lernen, muss man einmal ganz durch. Aber es lohnt sich. Wir treffen dort auf Lebewesen und Verhaltensweisen, die uns viel über unsere Herkunft und Zukunft verraten. Vielleicht sogar etwas über den Sinn des Lebens.

Durch reine Beobachtung des Alltags von *phascolarctos cinereus* erführen wir eine ganze Menge darüber, was wirklich wichtig ist, allerdings auch, dass das so ziemlich genau das Gegenteil von dem ist, was wir dafür halten. Der aschgraue Beutelbär würde sich bei dieser Gelegenheit nicht bloß als baumbewohnender Beutelsäuger von einem anderen Kontinent erweisen, sondern geradezu wie nicht von dieser Welt erscheinen.

Denn der Koalabär, neben dem Känguru das Symbol Australiens, ist ein fauler Kerl. Der knuddelige Australier gilt als das trägste Säugetier der Welt, schläft täglich um die 20 Stunden und hängt den Rest des Tages, artgeschützt und langsam kauend, auf Ästen von Eukalyptusbäumen herum. Dagegen wirken selbst Pandabären, im Ranking der Schlappen stets für einen Podestplatz gut, dynamisch und zackig. Existenzielle Bedrohungen rauben dem tiefenentspannten Tier nicht die Ruhe. Es brennt? Mir doch egal. Damit die Koalas nicht vom flammenden Inferno erfasst werden, lässt sie der Staat von Infrarotdrohnen aufspüren – Ranger evakuieren die Schnarchsäcke dann umgehend.

Fernfahrer, die mit ihren Lastwagenkonvois auf den schnurgeraden Pisten des Outbacks fahren, erzählen von Koalas, die schier regungslos am Straßenrand sitzen. Dort finden sie sich Tage später in gleicher Pose wieder. Sie sind nicht tot. Und es liegt auch nicht am Verkehr. Manchmal kommt dort stundenlang, ja tagelang kein Auto vorbei. Der Koala will einfach nicht auf die andere Straßenseite. Was soll er dort auch?

Der tut nix. Der will noch nicht mal spielen.

Faul und doof, das gehört in unserer Kultur zusammen. Wer faul ist, der hat zudem auch noch einen schlechten Charakter. Denn Fleiß ist eine Tugend – und den Tüchtigen gehört die Welt.

So gesehen hat es etwas Anarchisches, dass es in den Kinderzimmern wohlhabender Länder, also dort, wo die Leistungsträger von morgen wohnen, von Koalas nur so wimmelt. Zwar sind die Bären nur aus Stoff und gucken gemütlich, aber in einer Welt, in der es ohne Fleiß keinen Preis gibt und in der andauernder Aktivismus zum guten Ton gehört, kann man derlei eigentlich nicht dulden. Ist das nicht schon Sabotage an der Leistungsgesellschaft?

Natürlich sind Koalas nicht faul. Tiere können nicht faul sein, sagen wir Menschen. Nur Menschen können faul sein. So sind eben die Regeln. «Die Faulheit (abmildernd auch

Trägheit genannt) ist der mangelnde Wille eines Menschen, zu arbeiten oder sich anzustrengen», heißt es bei Wikipedia dazu. Wenn Katzen in der Sonne dösen oder Koalas matt im Eukalyptusbaum hängen, dann mögen wir sie faul nennen, aber eigentlich schwingt hier immer auch ein wenig Anerkennung mit: «Guck mal, der faule Bär! Der macht's richtig!»

Ja, guck mal! Warum machen wir es eigentlich falsch? Und warum freuen sich eigentlich alle immer auf Urlaub, Feiertag und Wochenende? Natürlich muss niemand auf der Suche nach einer Antwort auf diese sehr einfache Frage ein Loch durch die Erde bohren. Etwas Selbsterkenntnis tut's völlig.

Wir, die emsigen Ameisen einer übermächtigen Arbeitsgesellschaft, haben eine panische Angst davor, an und für sich faul zu sein, denn das führt unmittelbar zu der Frage, was man mit sich selbst anfangen kann. Man muss das so umständlich sagen – an und für sich faul –, damit es keine Missverständnisse gibt, denn die wahre Faulheit ist so selten geworden, dass man sie heute kaum noch zu Gesicht bekommt. Die langsam abklingende Industriegesellschaft war die Ära der Fleißigen – das ist der Wortsinn des lateinischen *industria*. Nach dieser umfassenden Gehirnwäsche in Sachen Eifer gibt es heute im Grunde nur noch zwei Sorten Menschen: die, die sich in ihrem Aktionismus zu Tode arbeiten, und die, die ihre heimliche Leidenschaft aufwendig verschleiern, was auch anstrengend ist.

Der blinde Eifer der zu Ende gehenden Epoche durchdringt unsere Kultur und unser Wesen vollständig. Selbst die, die ihr ganzes Nachdenken auf die Frage ausrichten, was die Alternative zur Arbeitswut und zum Aktionismus sein könnte, meiden den Begriff der Faulheit wie der Teufel das Weihwasser. Die Aktionskünstlerin Marina Abramovic war berühmt für ihre grenzüberschreitenden, hyperaktiven Performances. Dann wurde aus ihr eine Frau, die im New Yorker Museum of Modern Art (MoMA) Besuchern auf einem Stuhl still gegenübersaß (*The Artist Is Present*).

Im vergangenen Jahr erlebte man Abramovic in der Londoner Serpentine Gallery in ihrer Aktion *512 Hours*. Besucher mussten ihre Uhren und ihre Smartphones draußen lassen – und drinnen in der Galerie erwartete sie mit Abramovic das Nichts. Das sei das Anstrengendste gewesen, was sie jemals gemacht habe, erzählte die Künstlerin in Interviews nach der Performance. Und auf gar keinen Fall dürfe man das, was sie nicht getan habe, mit Faulheit verwechseln. Interessant. In ihren Performances hat Abramovic tagelang gehungert oder sich selbst verletzt. Aber mit der Faulheit will sie nichts zu tun haben.

Das trifft auch auf die Berliner Sängerin Balbina zu, deren Album *Über das Grübeln* den Titel *Nichtstun* enthält, mit der vielsagenden Zeile: «Ich muss was gegen das Nichtstun tun, / denn das Nichtstun tut mir gar nicht gut.» Nicht mal die Künstler bekennen sich heute noch zur Faulheit. Das tut man nicht.

Wobei: Die Differenzierung zwischen Faulheit und anderen Untätigkeitsformen ergibt schon Sinn. Zunächst darf man die Faulheit nicht mit dem Müßiggang verwechseln, der seit der Antike in den Kreisen der Eliten als erstrebenswertes Ziel galt. Die Faulheit ist mit dem Müßiggang höchstens über mehrere Ecken verwandt. Der klassische Müßiggang ist aber nicht Faulheit an und für sich. Er ist, wie das Sozialwissenschaftler sagen, ein Distinktionsmerkmal, mit dem sich die besseren Kreise vom einfachen Volk – aber auch untereinander – abgrenzen.

Der Müßiggänger muss nicht, er kann und liegt dabei selten regungslos irgendwo herum. Müßiggänger spielen Geige, während ihre Geschäfte ruhen; sie hören Musik, sitzen im Theater, in der Oper, besuchen eine Kunstausstellung, lesen gelehrte Bücher, philosophieren, photographieren – diese Leute sind ständig in Bewegung. Der Müßiggang ist eine Art verkappter Fleiß, der zuweilen ziemlich viel Disziplin verlangt: etwa wenn Kunst und Kultur als Statussymbol genossen werden, als Prestigeobjekt, mit dem die «feinen Leute» ihren «demonstrativen Konsum» zeigen können, wie es der Soziologe Thorstein Veblen nannte.

Der Müßiggang muss keinen unmittelbaren Gewinn abwerfen, auch wenn er nicht selten indirekt darauf abzielt. Er liegt etwas abseits der profanen Geschäfte, aber soll Nutzen stiften, auch wenn der vorerst nur in mehr Erkenntnis besteht. Alle Müßiggänger haben eines gemeinsam: Sie wenden sich ihrer Tätigkeit freiwillig zu. Sie beschäftigen sich aus freien Stücken. Der Müßiggang ist seit Jahrzehnten stark im Kommen: Es gibt immer mehr Urlaub, Freizeit, mehr Lebensjahre. Die Aktivitätsgesellschaft evakuiert sich in den «distinguierten Konsum» neuer Art, in Beschäftigung mit Problemen, die es zuvor nicht gab. Wenn wohlhabende Menschen sich ein Ehrenamt suchen, Rentner in ihrem Schrebergarten schnippeln oder irgendjemand etwas tut, klingt das Echo des Müßiggangs mit. Der Aktivitätsgrad nimmt dabei kaum ab. Man wechselt nur die Bewegungsart. Der dazugehörige Satz lautet: «Endlich tun, was man immer schon tun wollte.» Beachten Sie in diesem Zusammenhang ganz besonders das Tun.

Aber reine, unverfälschte Faulheit ist auch abseits der Hyperaktiven kaum zu finden. Das Nichtstun ist, da hat Abramovic recht, keine Faulheit. Denn wer nichts tut, macht das nicht grundlos. Das Nichtstun hat einen Zweck: die Erholung von der Arbeit für die Arbeit.

Diese Logik ist abendländisch und alt – das lateinische Wort *feria* für Festtag ist bis heute die unüberhörbare Wurzel unserer Ferien, deren Zweck recht einfach ist: Erholung für die Arbeit. Diese Idee übernimmt man im alten Rom zu liturgischen Zwecken – der Feiertag, die Wurzel der Ferien, ist ein arbeitsfreier Tag, an dem nur der Religion, dem Glauben und dem Ritus gehuldigt werden soll. Im Judentum ist es der Sabbat, der siebte Tag der Schöpfung, an dem Gott selbst die Hände in den Schoß legte, weil er an den sechs Tagen zuvor immerhin die ganze Welt zusammengeklöppelt hatte. Da darf man mal fünf gerade sein lassen, ein Nickerchen machen, die Beine hochlegen. Aber das ist stets nur ein Mittel zum Zweck. Urlaub dient, da spricht auch das Gesetz eine klare Sprache, bis heute der Erhaltung der Arbeitskraft.

Erholung bedeutet Abwechslung, aber keineswegs Faulheit. Ferien sind, wenn man etwas anderes macht. Aber einfach faul herumliegen ist nicht okay. Menschen, die nie gelernt haben, sich selbst für oder gegen etwas zu entscheiden, empfanden es als Erleichterung, dass andere für sie ihre Freizeit organisierten. Das funktionierte, weil die Tätigkeit, die ständige Bewegung, die Arbeit an und für sich also, kulturell längst als Ideal verankert war.

Das Abendland ist arbeitswütig. Paulus von Tarsus, der Apostel und erste und bedeutendste Theoretiker des Christentums, hat in seinem Brief an die Thessalonicher die Boshaftigkeit mit der Untätigkeit verbunden – und damit die Voraussetzungen für die moralischen Kategorien «fleißig» und «faul» geschaffen. Das Faule ist nicht nur böse. Es hat kein Existenzrecht. Paulus' Formel kennt jedes Kind: «Wer nicht arbeitet, soll auch nicht essen.»

Fast 2000 Jahre später, im Jahr 1936 und auf dem Höhepunkt seiner Gewaltherrschaft, ließ Josef Stalin das in die Verfassung der Sowjetunion schreiben. Aber die Botschaft ist ohnehin längst weltweit durchgesetzt, massenkompatibel, unbestritten.

Es gilt: Wer arbeitet, tut Gutes. Wer faulenzt, stiehlt dem Herrgott die Zeit. Die christlichen Mönchsorden, die sich als Leitbild für das Volk verstehen, leben es vor: *ora et labora*, bete und arbeite. Fleiß ordnet den Tag. Gemeinschaftliche Arbeit integriert auch Außenseiter, deren Widerstandswillen sich dadurch brechen lässt. Im Mittelalter wird Faulheit, als Trägheit definiert, zur Todsünde.

Doch die Kirchenfürsten halten sich selten an die Regeln, die sie den Leuten predigen. Es schlägt die Stunde des Intrapreneurs Martin Luther. Seine christliche Alternative stellt Schaffen und Arbeit in den Mittelpunkt der Religion. Nur wer hart zupackt, kommt ins Himmelreich. Die «protestantische Ethik» wird zum Motor und größten gemeinsamen Nenner des Kapitalismus und all der Gegenthesen dazu. Es ist grotesk: Ausgerechnet die, die einst gegen Plackerei und Zwangsarbeit aufbegehrten, entwickeln sich zu den ärgsten Feinden der Faulheit – die Parteien und Ideologien im Gefolge der Lehren des Karl Marx. Worin sollte denn die Befreiung der Arbeiterklasse bestehen, wenn nicht in der Auflösung des Arbeitszwangs, also der Verpflichtung, für sein Essen arbeiten zu müssen?

Wird dieser Arbeitszwang, siehe sowjetische Verfassung, eigentlich angenehmer, wenn man beim Malochen im Hinterkopf hat, dass das dem Plan und der Partei nützt? Oder ist das einfach Blödsinn, an den noch nicht mal der engere Familienkreis des Urhebers dieser Schnapsidee glaubte?

Der in Kuba geborene französische Arzt und Sozialist Paul Lafargue war einer der schärfsten Kritiker des Arbeitskults, den sein Schwiegervater Karl Marx errichtete. Dessen Idealzustand versprach den Proletariern am Ende einer sehr langen Reise bestenfalls das Leben spießiger Bildungsbürger – «der lesende Arbeiter» war bei Marx das höchste der Gefühle. Kein Recht auf freie Wahl oder gar Selbstbestimmung, sondern eine Art permanenter Volkshochschule, innerhalb derer man sich als besserer Mensch intellektuell nützlich machte. Das interessierte allerdings ohnehin zu keinem Zeitpunkt mehr als eine Handvoll Theoretiker – die Leute wollten Urlaub, Freizeit und Unterhaltung.

Marx hingegen propagierte das «Recht auf Arbeit», wie es der Franzose Charles Fourier nannte. Eine gute Führung lasse die Leute nicht nach ihrer Fasson glücklich werden, sondern halte sie vielmehr in Arbeit, Brot und Disziplin, so Fouriers Lehre. Ein Mensch ohne «sinnvolle Beschäftigung» sei kein nützliches Mitglied der Gesellschaft. Das ist bis heute der Stand der Dinge. Daran glauben die meisten, weil sie es immer wieder so gelernt haben.

Das System, das dahintersteckt, hat der amerikanische

Kulturwissenschaftler Lewis Mumford in seinem 1967 erschienenen Buch *Der Mythos der Maschine* als Grundformel aller organisierten Herrschaft benannt: die «Megamaschine», bei der es in erster Linie darum geht, die Massen durch Arbeit zu organisieren und damit gefügig zu machen. Dabei spielt es nicht die geringste Rolle, ob das Pharaonen tun, Parteien, Staaten oder Konzerne. Tätigkeit sorgt dafür, dass die Leute nicht auf dumme Gedanken kommen. Daher findet es kaum jemand problematisch, wenn man – wie mit Milliardensubventionen für Branchen und Regionen – auf «Arbeitsbeschaffungsmaßnahmen» setzt. Aber wehe, wenn jemand auch nur einen Teil dieser Mittel als bedingungsloses Grundeinkommen fordert: Dann ist Feuer unterm Dach, dann wird es emotional. Sicher: Rational begründen kann das niemand.

Es geht in Wahrheit nicht ums Geld, es geht um das Beibehalten eines überkommenen Welt- und Menschenbildes. Der Faule muss zur Arbeit gezwungen werden, weil er ein schlechtes Beispiel für den Rest der Untertanen abgibt, die man heute Bürgerinnen und Bürger nennt, aber das ist nicht so gemeint, keine Sorge. Im absolutistischen Frankreich, wo der moderne Staat entwickelt wurde, sperrte man Leute, die keiner Lohnarbeit nachgingen, ins Arbeitshaus. Und bis heute gilt als wichtigste Aufgabe des Staates, die Bürger in sinnvolle Arbeit zu bringen, notfalls zu zwingen. Auch dabei geht es nicht um Geld, sondern um Macht und Gewalt. Das ist irrational, also gefährlich und dumm.

Gegen Arbeitssimulation hingegen hatte und hat kaum jemand etwas einzuwenden. Wenn man keine Arbeit hat, macht man sich halt welche. Die Welt ist voller Moralisten, die ganz offensichtlich mit sich nichts Rechtes anzufangen wissen – was schon schlimm genug wäre, unterstellten sie das nicht auch all ihren Mitmenschen.

Paul Lafargue, Marx' ungezogener Schwiegersohn, hielt tapfer dagegen. *Das Recht auf Faulheit*, die dazugehörige Kampfschrift, erschien ausgerechnet im Todesjahr von Karl Marx, 1883. Die Grundidee ist, das Recht auf Arbeit durch eines auf Selbstbestimmung zu ersetzen, finanziert durch die Dividenden von Fortschritt, Technik und Automatisierung. Dabei sollte, so Lafargue, vor allen Dingen die «bürgerliche Arbeitsmoral überwunden» werden, die bei Zeitgenossen, die noch selbst und frei über ihr Leben bestimmen wollten, zunehmend zu «Selbstverachtung und schlechtem Gewissen» führte, wie der Philosoph Friedrich Nietzsche zu dieser Zeit klagte.

Und bei den Arbeitern noch zu Schlimmerem, wie Lafargue wusste: «Das Proletariat hat sich von dem Dogma der Arbeit verführen lassen. Hart und schrecklich war seine Züchtigung.» Sie dauert an.

Die Klügeren unter den Weltverbesserern wussten es also schon vor vielen Jahren: Den Tüchtigen gehört gar nicht die Welt. Das hat man ihnen nur eingeredet. Aber sehr erfolgreich, und das ist nun bei der Gestaltung einer zukunftsfähigen, selbstbewussten Gesellschaft ein richtiges Problem.

In jeder Diskussion über Profite, Gewinne, Gerechtigkeit schwingt die alte Vorstellung mit, dass Einkommen, das man nicht durch eigene Arbeit verdient hat, blankes Unrecht ist. Das kann man in den Diskussionen um die Erbschaftsteuer ebenso erkennen wie in den Stereotypen zum Couponschneider, also dem faulen Kapitalisten, der nichts weiter tut, als seine Rente einzustreichen – während andere Leute hart für ihr Geld arbeiten. Hier ist etwas faul.

Denn die Nutznießer von nicht durch (eigene) Arbeit geschaffenen Wohltaten sind im Westen längst der Normalfall, nicht die Ausnahme. So gesehen sind die meisten Bürger schon lange Couponschneider, die – meist indirekt und auf verschlungenen Pfaden, aber zuverlässig – die Dividende von jenem Fortschritt abgreifen, auf den Lafargue sein Lob der Faulheit baute.

Wir leben in keinen Knappheitsgesellschaften mehr, die das bisherige Denken geprägt haben. Es wird Zeit, über den Wert von Überfluss nachzudenken, statt ihn – immer mit Moral und alter Religion verbunden – zu verdammen. Es wird Zeit, darüber nachzudenken, was wir aus dem, was wir haben, machen können. Höchste Zeit.

Egal aus welcher Perspektive man sich die alte Arbeitsgesellschaft auch ansieht: Sie hat als Modell für die Gestaltung und Organisation des Lebens ihrer Bürger keine Zukunft mehr – und das ist eine gute Nachricht. Immer mehr vernetzte Automatisierung sorgt zwar für eine Fülle neuer Berufe und Tätigkeiten, aber schafft auch Freiräume ungeahnten Ausmaßes.

Dabei braucht niemand «Arbeit 4.0» oder altbackene Parolen wie «Arbeit für alle», die auf den alten Irrtümern beruhen, sondern den Mut zum Neustart. Die Frage lautet – nach der Philosophin Hannah Arendt, die das schon in den Fünfzigerjahren weitsichtig formulierte –, was aus einer Arbeitsgesellschaft wird, die sich auf nichts anderes mehr versteht als auf Arbeit. Können wir auch anders? Sicher, aber einfach wird das nicht.

Was geschieht, wenn das Leben nicht mehr durch Arbeit geregelt wird, kann man sich in den Einfamilienhaussiedlungen der Vorstadt an jedem Wochenende ansehen – und bei jeder Verabschiedung altgedienter Mitarbeiter. Selbst wenn man uns Ruhe verordnet, betteln wir um Arbeit, um Beschäftigung. Statt unser Leben zu genießen, schlagen wir die Zeit tot, eine Redensart, die nichts verharmlost. Den weitgehenden Verlust an harter Arbeit fangen Workout-Sessions und ein obskurer Sportkult auf. Der blinde Eifer findet vor allem ein Ventil, den eigenen Körper, der nun – in Ermangelung schwerer Arbeit – herhalten muss. Das lässt sich noch kontrollieren, zumindest glauben das die Arbeitswütigen. Keuchen, Schwitzen, Hecheln.

Vor anderthalb Generationen hätte man solchen Leuten «professionelle Hilfe» empfohlen oder sie wenigstens herzhaft ausgelacht. Die Leute waren froh, wenn sie sich einen «faulen Sonntag» machen konnten. Glück war, wenn man die Beine hochlegen konnte. Blöd war, wer das nicht tat. Fern waren die Tage des Burnouts, der herbeigesehnten Arbeitsüberlastung. Beschäftigung war noch keine Übersprunghandlung.

Doch seither hat sich die Lebenseinstellung des Bildungsbürgertums so weit in einer wachsenden Mittelschicht ausgebreitet, dass Faulheit alias «abhängen» nur bei Jugendlichen und der Unterschicht als erstrebenswert gilt. Nur hier muss Arbeit und Tätigkeit nicht allgegenwärtig vorgetäuscht werden. Faulsein, das macht hier nichts, jedenfalls ein Weilchen.

Für die Mittelschicht aber ersetzt die körperliche Anstrengung den Gottesdienst. In der Arbeit muss man sich immer mehr selbst entscheiden, sich selbst orientieren. Nichts hat ein Ende. Wenigstens am Wochenende will man dann «seine Grenzen ausloten», wie die vertraute Übersetzung dieser Übersprunghandlung genannt wird.

Aber es ist ja nicht nur der Sport, das Mitlaufen, das Joggen gegen die eigene Natur. Auch alles andere wird sorgsam nach seinem vermeintlichen Nutzen abgewogen. Wenn man es schon mal krachen lässt und einen Krimi liest, dann einen skandinavischen, denn dort wird (ernste) Gesellschaftskritik mit der leichten Unterhaltung (Mord und Totschlag) mitgeliefert. Nichts geschieht mehr ohne den Hintergedanken, etwas geleistet zu haben. Unterhaltung an und für sich ist ungehörig.

Aus all dem und noch vielem mehr wird klar: Den Tüchtigen gehört nicht die Welt, sie können mit ihr nichts mehr anfangen. Sie haben Angst davor, den Anschluss zu verlieren, für andere nicht mehr nützlich und zweckmäßig genug zu sein und dann nicht mehr dazuzugehören.

Das neurotische Verhältnis zur Tätigkeit und die Ablehnung zweckfreier Faulheit hat die gleichen Wurzeln: Der «innere Schweinehund», also das bisschen Restvernunft, das noch in uns steckt, soll unter Kontrolle gebracht werden. Dazu hat der deutsche Volksmund natürlich auch ein motivierendes Sprichwort: Blinder Eifer schadet nur. «Wir sollten anfangen», empfahl der Arbeitssoziologe Georg Vobruba, «uns mit uns selbst zu identifizieren und nicht nur mit dem, was wir tun müssen».

Das ist eine Einsicht, die Eliten früher ganz selbstverständlich hatten. Sie lernten früh, dass sie «jemand waren», wie man es nannte, also an sich einen Wert hatten als Person.

Ihr Selbstwertgefühl hing noch nicht davon ab, dass sie die Fleißigsten, Strebsamsten und Aktivsten waren.

Mit der durch den Wohlstand wachsenden Individualisierung wird diese Frage immer wieder neu gestellt. Und ja, Freiheit besteht natürlich auch darin, die Frage «Was willst du?» mit «nichts» zu beantworten.

Am Ende aber scheitert die Suche nach einer Anschlussverwendung für die eigene Persönlichkeit fast immer an der gleichen Sache: am mangelnden Selbstbewusstsein. Dabei gibt es dafür keinen Grund. Denn wir haben die Faulheit erfunden – darauf können wir stolz sein, unser Wohlstand und aller Fortschritt bauen darauf auf. Wir haben nur vergessen, dass es so ist.

Neben den vielen deutschen Volksweisheiten, die den Fleißigen loben, gibt es auch noch welche, die die Realität genauer fassen: «Faulheit denkt scharf» heißt die eine und «Faulheit ist die Mutter des Fortschritts» die andere. Richtig.

Das Wesen aller Ökonomie besteht darin, menschliche Energie und Zeit einzusparen. Von den einfachsten Werkzeugen und Methoden der Steinzeit bis zum hyperkomplexen Netzwerk von heute ist all unser Streben – paradox, aber wahr – darauf ausgerichtet, dass wir uns eigene Arbeit und Mühe ersparen. Kulturen, die das wissen, kommen weiter, jene, die das verdrängen, treten auf der Stelle – im Hamsterrad der Routine. Wer den ganzen Tag Wassereimer aus Ziegenleder den Berg hochschleppt, hat gute Gründe, sich eine Pumpe zu überlegen. Das Rad muss ein Typ erfunden haben, der das Laufen satthatte. Und auch der Aufzug existiert nicht etwa, weil uns der Teufel vom Treppensteigen abhalten wollte. Der weitaus größte Teil der von Menschen jemals gelösten

Probleme wurde mit dem eindeutigen Tatmotiv der Faulheit erdacht. Faulheit kennt nur ein Ziel: Wohlbefinden. Verbesserung der Lage. Freude am Leben.

Bequemlichkeit schafft Bedürfnisse. Hier lohnt es sich, zur Sicherheit, einen neuerlichen Blick in die Enzyklopädie zu werfen: «Komfort (vom englischen *comfort* für Bequemlichkeit oder Behaglichkeit) ist die Bequemlichkeit, die auf der Präsenz von Maschinen, Gegenständen oder Anlagen beruht. Eine Einrichtung ist aufgrund ihrer Möglichkeiten und ihrer Ausstattung mit Gegenständen komfortabel, wenn sie dem Menschen Arbeit verringert und ihm Behaglichkeit bietet.»

Auch wenn die Welt heute, vor dem Hintergrund der allgegenwärtigen Verehrung des Arbeitsfetisches, anders aussehen mag: Die Grundidee ist, dass wir die Füße hochlegen können, uns ohne Hintergedanken vergnügen und den Herrgott einen guten Mann sein lassen. Faul sein heißt aber gleichzeitig auch: jede Form der Bequemlichkeit suchen, immer neuen Komfort entwickeln. Vielleicht könnten wir mit Veränderungen viel besser umgehen, wenn wir die Realität der Komfortzonen besser verstünden, statt sie zu verdammen.

Faul sein ist unsere Bestimmung, und wenn es einen Sinn des Lebens geben sollte, dann kommt das Faulsein an und für sich dem sehr nahe. Das ist Selbstverwirklichung – im Sinne der Hippies der Sechzigerjahre. Sie waren gegen eine absurde Leistungsgesellschaft angetreten. Was in San Franciscos Haight-Ashbury begann, bestimmte bald die Kunst und Jugendkultur, und, noch wichtiger, es war das Fundament, auf dem auch die Pioniere der digitalen Revolution aufbauten.

Der Fleiß hingegen ist höchstens ein Mittel zum Zweck. Er ist zu einem Fetisch geworden, der uns heute im Weg steht. Mehr Faulheit wagen, das bedeutet nicht nur entspannt mit der Zukunft und der Gesellschaft umzugehen, sondern auch mit sich selbst.

Unsere Arbeitswut ist ein fauler Kompromiss, der Versuch, alles so zu lassen, wie es ist. Aber Faulheit denkt scharf: Damit haben wir ein schönes Ziel der Wissensgesellschaft, in der Denken wichtiger ist als das Abspulen von Routinen. Machen wir es uns in dieser Welt bequem, sorgen wir für mehr Komfort, genießen wir unser Leben.

Für die wahre Faulheit werden wir hart an uns arbeiten müssen. Aber tun wir's und denken dabei an das, was Lehrer gern über ihre Schüler sagen: Der ist nicht dumm, der ist nur faul.

Mit anderen Worten: ein Koala. Ein schlaues Kerlchen also.

# Spaltung der Gesellschaft

*Von Julian Nida-Rümelin*

Es gibt gegenwärtig ein ungewöhnlich breites Spektrum von Befürwortern eines bedingungslosen Grundeinkommens, das politisch von starken Kräften aus der Arbeitnehmerschaft und den nahestehenden Wirtschaftsinstituten und Wirtschaftsverbänden bis hin zu links-anarchistischen Unterstützern reicht. Die Konfliktlinie pro und contra bedingungsloses Grundeinkommen verläuft nicht nach einem links-rechts-Schema. Gemeinsam ist allen Befürwortern das Ziel eines radikalen Systemwechsels: Die unterschiedlichen sozialen Sicherungssysteme sollen durch ein einfaches und vermeintlich gerechtes Modell ersetzt werden. Eines der attraktiven Elemente der Einführung eines bedingungslosen Grundeinkommens ist dabei, dass sich sozialstaatliche Institutionen und Verwaltung weitgehend erübrigten.

Die Idee eines bedingungslosen Grundeinkommens geht in ihren Wurzeln bis auf das 19. Jahrhundert zurück. Der wichtigste weltanschauliche Kontext ist der des Anarchismus und des utopischen Sozialismus. In den letzten Jahrzehnten ist als weiterer sozialwissenschaftlicher Kontext die These vom Ende der Arbeitsgesellschaft hinzugetreten. Infolge der Rationalisierungsprozesse werde Erwerbsarbeit generell zu einem knappen Gut und es seien daher in Zukunft in zunehmendem Umfang andere Einkommensquellen neben der Erwerbsarbeit zu erschließen. Diese These, die von André Gorz über Jeremy Rifkin bis hin zu Ulrich Beck zahlreiche Befürworter hat und die sich auch auf Visionen von Herbert Marcuse stützen kann, ist empirisch bislang nicht belegt. Die zeitgenössischen Befürworter eines bedingungslosen Grundeinkommens sind mit wenigen Ausnahmen marktorientiert: Die Verbindung von kapitalistischem Markt und bedingungslosem Grundeinkommen ist für viele auch deswegen attraktiv, weil es die Staatstätigkeit auf ein Minimum zu beschränken gestatten würde.

Konzeptionen des bedingungslosen Grundeinkommens gehen mit der Vision eines Reiches der Freiheit einher: Jeder kann zu jedem Zeitpunkt entscheiden, ob er der Erwerbsarbeit nachgehen, andere Arbeiten aufnehmen (bürgerschaftliches Engagement, Familienarbeit) oder sich der Muße widmen will. Da Erwerbsarbeit nicht mehr notwendig ist, würde durch das bedingungslose Grundeinkommen zum ersten Mal der Zwang zur Arbeit nicht nur für einige Wenige, sondern für alle entfallen.

Schon ein bescheidenes bedingungsloses Grundeinkommen in der Höhe des diskutierten Mindestlohns einer vollen Arbeitsstelle würde zu sehr hohen Steuern führen. Die Höhe der Steuern ist natürlich davon abhängig, in welchem Umfange vom bedingungslosen Grundeinkommen Gebrauch gemacht wird, wie groß also der Anteil derjenigen ist, die dann freiwillig aus dem Erwerbsleben ausscheiden, auf Zeit oder auf Dauer, teilweise oder vollständig. Da ein bedingungsloses Grundeinkommen zwar in der Höhe des durchschnittlichen Arbeitseinkommens schon aus steuerlichen

Gründen unrealistisch ist, würde eine Existenz auf der Basis des bedingungslosen Grundeinkommens nur für Teile der Bevölkerung attraktiv sein, dazu gehören insbesondere Jüngere, in der Phase nach Abschluss ihres Bildungsweges und vor Einstieg in die Erwerbstätigkeit, und diejenigen, die etwa durch innerfamiliäre Transferleistungen aus Arbeitseinkommen ihren Lebensstandard oberhalb des bedingungslosen Grundeinkommens sichern können. Die empirische Evidenz ist überwältigend, dass längere Absenz von Erwerbstätigkeit die Erwerbsfähigkeit drastisch reduziert. Absolventen müssen nach Abschluss ihrer Ausbildung bzw. ihres Studiums rasch in das Erwerbsleben integriert werden, weil sonst ihre Qualifikation an Wert verliert. Langzeitarbeitslose sind auch dann nur schwer in das Erwerbsleben zu integrieren, wenn sie über gute Qualifikationen verfügen. Anreize zur langjährigen Absenz vom Erwerbsleben sind von daher unverantwortlich. Sie führen zu einer Spaltung der Gesellschaft in dauerhaft Erwerbstätige und dauerhaft Erwerbslose, wenn auch mit bedingungslosem Grundeinkommen versorgte.

Für manche kulturellen Milieus ist die Existenz auf der Basis eines bedingungslosen Grundeinkommens unattraktiv, das gilt besonders für diejenigen, die über ihr individuelles Dasein hinaus Verantwortung, etwa in Form von Elternschaft und Familie, übernommen haben, aber auch für diejenigen, die vom Beruf mehr als nur ein gesichertes Arbeitseinkommen erwarten. Der kulturellen Integration durch Erwerbstätigkeit, durch Arbeitsethos und Berufsverantwortung, durch Entwicklungschancen und strukturierte Kooperationen im Berufsleben steht die kulturelle Integration durch freiwilliges, meist nur punktuelles und kurzfristiges Engagement oder auch die Cliquenbildung der Freizeitgesellschaft gegenüber. Man wird hier entgegenhalten, dass doch auch politisches und bürgerschaftliches Engagement all die Möglichkeiten und Verpflichtungen bereitstellt, die im Beruf eine Rolle spielen können. Die empirischen Befunde sind aber auch hier andere. Die Bereitschaft zu bürgerschaftlichem politischen Engagement sinkt drastisch mit dem Ausstieg aus dem Erwerbsleben, das gilt nicht nur für Arbeitslose, sondern auch für Ruheständler. Die Einführung eines bedingungslosen Grundeinkommens würde die ohnehin bestehende kulturelle Spaltung der Gesellschaft in beruflich Integrierte und beruflich Nicht-Integrierte, sei es durch prekäre und häufig wechselnde Beschäftigungsverhältnisse oder durch Arbeitslosigkeit, vertiefen. Die Einführung eines bedingungslosen Grundeinkommens käme einer Kapitulation gleich. Statt einer Strategie der Integration und Inklusion in die Arbeitsgesellschaft würde der endgültige und dann bald irreversible Ausstieg aus der Arbeitsgesellschaft prämiert. Die mutige Begründung der These *Why surfers should be fed* durch den bedeutendsten und systematischsten Theoretiker eines bedingungslosen Grundeinkommens (Philippe Van Parijs) ist durchaus ernst zu nehmen. Während bislang für die Allermeisten eine solche Existenzform nur für Übergangsphasen der Biographie infrage kommt, würde sie in Zukunft zu einem verbreiteten Phänomen, dessen quantitative Dimension von der Höhe des bedingungslosen Grundeinkommens abhinge.

Ein bedingungsloses Grundeinkommen würde sich in der Realität wie eine üppig ausgestattete Herdprämie, wie sie die CSU vorgeschlagen hat, auswirken. In Migrantenfamilien, für die die Berufstätigkeit der Frau nach wie vor kulturell fremdartig ist, wäre das Thema der Berufstätigkeit der Ehefrau endgültig erledigt: Wo keine ökonomische Notwendigkeit, da muss man sich mit einer solchen Veränderung des Gender-Verhältnisses nicht mehr befassen. Millionen von Frauen, die gegenwärtig – unter den aktuellen sozialen Bedingungen mühsam genug – Mutterschaft und Beruf zu verbinden versuchen, würden aus dem Erwerbsleben vorübergehend und dann in den meisten Fällen wohl auch endgültig ausscheiden. Die bestehende Gender-Spaltung würde dramatisch vertieft werden.

Die sozialstaatlichen Strukturen in Mittel- und Nordeuropa orientieren sich bislang nicht nur an Bedürftigkeit, sondern auch an Anspruchskriterien. Als Arbeitnehmer erwirbt man einen Rentenanspruch, der nicht an Bedürftigkeit gekoppelt ist. Die sozialstaatlichen Ansprüche haben sowohl den Charakter einer individuellen Versicherung, als auch den einer solidarischen Kooperationsprämie. Dies gilt in besonders offenkundiger Form etwa bei Betriebsrenten, in weniger offenkundiger Form aber auch bei der gesetzlichen Krankenkasse oder beim Kindergeld. Dieser Kooperationsaspekt ginge beim bedingungslosen Grundeinkommen verloren.

Wir haben gegenwärtig in Deutschland und in vielen Sozialstaaten eine deutliche Fehlallokation sozialer Ressourcen, ein Beispiel ist die Familienförderung. Die gewaltigen Summen, die etwa über das Kindergeld zur Förderung der Familien eingesetzt werden, verfehlen den gewünschten Effekt: Sie sichern weder die ökonomische Selbstbestimmung der Frauen noch eine angemessene Betreuung der Kinder. Wir haben in Deutschland zu wenig Ganztagseinrichtungen, zu wenig Krippen, zu wenig Ganztagsschulen, eine unzureichende Förderung von Bildungsinstitutionen, auch weil die Mittel fehlen, um diese Angebote in Gestalt öffentlicher Dienste zu realisieren. Stattdessen fließen Milliardensummen in die privaten Haushalte – unabhängig von der Bedürftigkeit – und heben dort den Lebensstandard ein wenig an. Die Freiheitsgewinne von Eltern und die Bildungsgewinne von Kindern würden in weit höherem Maße durch den Einsatz eines Großteils dieser Mittel für Ganztagsangebote gefördert. Der deutsche Sozialstaat setzt generell in zu hohem Maße auf Transfers und in einem zu geringen Maße auf soziale Dienstleistungen. Die Einführung eines bedingungslosen Grundeinkommens würde die bestehende Fehlallokation potenzieren. Sehr viele, die keine Unterstützung benötigen, würden dies in Anspruch nehmen, während das Geld für Ganztagseinrichtungen und soziale Dienste weiter fehlte.

Es gibt einen attraktiven Aspekt des bedingungslosen Grundeinkommens: Der sozialstaatliche Regelungsbedarf würde dramatisch sinken, die Ansprüche würden radikal vereinheitlicht und die Stigmatisierung in bestimmten Formen der sozialen Sicherung (Hartz IV) würde unterbleiben. Dieser Vorteil würde durch den Nachteil unerwünschter Mitnahmeeffekte, kultureller, sozialer und Gender-Spaltungen, sowie durch extrem hohe Steuerlasten konterkariert. Die Frage stellt sich also: Kann man diesen Vorzug bewahren, ohne die Nachteile in Kauf nehmen zu müssen? Die Antwort lautet: Ja, dies ist möglich. Jedenfalls ist das der Grundgedanke der sozialdemokratischen Konzeption des Bürgergeldes. Vereinheitlichung der Ansprüche als Bürgerin und Bürger, aber keine Anreize zum Ausstieg aus der Arbeitsgesellschaft.

Die Sozialdemokratie hat als Arbeiterbewegung begonnen und sollte diesem Erbe treu bleiben: Ihr geht es um die humane Gestaltung (gesetzlicher Mindestlohn, Arbeitsschutz, Kündigungsschutz, Arbeitszeitverkürzung und Arbeitszeitsouveränität), die Selbstbestimmung (Arbeitnehmerrechte, Bestimmungsrechte), die Inklusion (Bekämpfung der Arbeitslosigkeit und anderer Formen der Ausschließung) in der Arbeitsgesellschaft. Die Sozialdemokratie vertritt keine Strategie des Ausstiegs aus der Arbeitsgesellschaft. Sie hält die These vom Ende der Arbeitsgesellschaft für empirisch falsch und politisch nicht wünschenswert. Sozialdemokraten wollen einen politischen, ökonomischen und sozialen Wandel organisieren, der Frauen unter gleichen Bedingungen die gleichen Partizipationschancen im Arbeitsleben eröffnet; und wir werden auch über die stärkere Integration der älteren Generationen jenseits des Ruhestandsalters in die Arbeitsgesellschaft der Zukunft reden müssen. Menschen leben in der Regel länger und besser, wenn sie in die Arbeitsgesellschaft auch in höherem Alter integriert bleiben. Die Wirtschaftsgeschichte zeigt, dass Rationalisierungen in bestimmten Bereichen (in den letzten Jahrzehnten besonders dramatisch im verarbeitenden industriellen Gewerbe) andere Bereiche erst marktfähig werden lassen. Die Idee eines im Großen und Ganzen festen Potenzials marktgängiger, das heißt nachfrage-relevanter Interessen, die bei fortschreitender Rationalisierung mit einem immer geringeren Volumen an Arbeitszeit zu bewältigen sind, ist eine Chimäre. Diesen Fundus gibt es nicht. Er variiert, je nach kulturellen und ökonomischen Bedingungen. Aber selbst wenn es diesen Fundus gäbe und damit die Thesen etwa von Jeremy Rifkin oder

André Gorz zuträfen, könnte jeder gesamtwirtschaftliche Rationalisierungsgewinn durch eine korrespondierende gesamtwirtschaftliche Verkürzung des Arbeitsvolumens ohne Wohlstandseinbußen kompensiert werden.

# Gesellschaft für alle

*Von Michael Opielka*

Im 21. Jahrhundert ist der Kapitalismus, die historische Vorgabe des Sozialstaats, wieder ins Gerede gekommen. Zusammen ergeben Kapitalismus und Sozialstaat die von Gøsta Esping-Andersen als «Wohlfahrtskapitalismus» bezeichnete gesellschaftliche Regimeformation. Freilich unter einer Bedingung, die die Sozialpolitik zugleich gefährdet und benötigt: der Globalisierung. Zum einen, weil sie ihre nationalwirtschaftliche und nationalstaatliche Konstitution gefährdet. Zum anderen, weil die Globalisierung wiederum eine fundamentaldemokratische, nämlich menschenrechtliche und damit verstärkt ideelle Begründung der Sozialpolitik fordert. Es bleibt ausreichend Grund zur Beunruhigung über fortbestehende globale Ungleichheit und Armut, wie die breite Resonanz auf Thomas Pikettys *Das Kapital im 21. Jahrhundert* demonstriert. Daher gibt es gute Gründe, die Sozialpolitik als eine zentrale Arena der Gesellschaftsgestaltung im 21. Jahrhundert zu betrachten.

Was aber müssen die Gestaltungsprinzipien künftiger Sozialpolitik sein? Sind Strukturinnovationen wie das garantierte Grundeinkommen geradezu erforderlich, die die weitgehend erwerbsbezogene Logik des bisherigen Sozialstaats verändern? Oder soll die seit den «Workfare»-Agenden von Ronald Reagan, Margaret Thatcher, Tony Blair und Gerhard Schröder («Agenda 2010») forcierte Verschärfung der Kopplung von Erwerbsarbeit und Sozialeinkommen («Kommodifizierung») fortgeschrieben werden? Ist es politisch und ethisch geboten, die «arbeitende Mitte» (Sigmar Gabriel) der Gesellschaft hervorzuheben? Wer wäre die «nicht-arbeitende Mitte» oder gar ihr Rand? Wer in diesen Diskursen von «Arbeit» spricht, meint Erwerbsarbeit und in der Regel Lohnarbeit, also eine der Substanzen des Kapitalismus.

Die Idee des Grundeinkommens findet seit einigen Jahrzehnten in allen politischen Lagern Gehör, wenngleich noch als Minderheitenposition. Ein Grundeinkommen würde in die Arbeits- und Lebenswelt eingreifen, indem es tiefsitzende Werteorientierungen zur Funktion der Arbeit infrage stellt. Zugleich aber würde dieses Konzept im Lichte unterschiedlicher gesellschaftspolitischer Grundrichtungen auch sein Gesicht verändern.

Ein Grundeinkommen ist das Recht auf ein existenzsicherndes Einkommen, das jedes Mitglied einer Gesellschaft unabhängig von Leistung und Herkunft beanspruchen kann. Eine Gesellschaft mit Grundeinkommen ist eine andere Gesellschaft als die heutige. Sie ist eine Gesellschaft für alle. Ihre Institutionen richten sich zuerst, so die Idee, an den Menschenrechten aus. Etwa die Hälfte des gesellschaftlichen Einkommens wird vor aller weiteren Verteilung über Arbeit oder Vermögen allen Bürgern als Grundrecht garantiert. Eine Grundeinkommensgesellschaft ist eine reiche Gesellschaft, die ihren Reichtum allen Mitgliedern zugänglich macht.

Lässt sich ein Grundeinkommen als soziales Bürgerrecht

mit großer Migration und Flüchtlingsintegration vereinbaren? Würde nicht durch ein Grundeinkommen auch für Flüchtlinge das Vorurteil bestätigt, dass Ausländer in opulente Sozialsysteme einwandern wollen? Vermutlich dürfte ein Grundeinkommen dazu beitragen, dass wohlhabende Gesellschaften noch genauer prüfen, welche Zuwanderer die besten Integrationschancen haben. Aber das gilt für jede gute Sozialpolitik, ob bei Gesundheit, Bildung, Wohnen oder Pflege. Am besten wird daher ein Grundeinkommen Schritt um Schritt weltweit erkämpft.

Deutschland ist in Sachen Grundeinkommen schon weit. Während auf der Vorderbühne der politischen Debatte noch immer um die «wirklich Bedürftigen» und die «arbeitende Mitte» gestritten wird, haben sich die höchsten Gerichte und die klare Mehrheit der Bevölkerung längst entschieden: Wir brauchen soziale Grundrechte für alle Menschen, die dauerhaft in Deutschland leben. Das Grundrecht auf ein Einkommen gehört dazu. Die technische Umsetzung, das Verhältnis eines Grundeinkommens zum Arbeitsmarkt (Kombilohn) und zu anderen Sozialleistungen (Rente), ist nicht einfach, aber machbar. Mit einem Grundeinkommen wird nicht Milch und Honig fließen. Aber Sicherheit. Das ist in einer verwirrenden Welt schon viel.

# Im Herzen des Liberalismus

*Von Timo Reuter*

Es klingt wie ein Traum: Alle Menschen werden dafür bezahlt, dass sie einfach leben. Ohne Wenn und Aber. Während die Idee des bedingungslosen Grundeinkommens vor nicht allzu Langem aber tatsächlich noch ins Reich der Utopien zu gehören schien, erfährt sie in jüngster Zeit immer mehr Zuspruch.

In der Schweiz wurde im Juni 2016 als erstem Land der Welt sogar über die Einführung eines bedingungslosen Grundeinkommens abgestimmt. Zwar haben sich knapp 77 Prozent der Bevölkerung dagegen ausgesprochen, dennoch hat die Abstimmung die Debatte enorm beflügelt. In Finnland plant die Regierung ein Pilotprojekt, in Kenia will eine Spendenorganisation das bislang größte Experiment zum Grundeinkommen starten. Und auch in der kanadischen Provinz Ontario sowie in holländischen Städten wird über ähnliche Ideen nachgedacht. Kurzum: Noch nie war das Interesse am Grundeinkommen so groß – und es könnte sich weiter steigern.

Was kommt da auf uns zu?

Obwohl das Grundeinkommen bisher nur in Modellversuchen getestet wurde, polarisiert die Idee wie wenige andere Projekte. Doch das ist nicht verwunderlich, denn ein existenzsicherndes Grundeinkommen käme wegen seiner Bedingungslosigkeit einer sozialpolitischen Revolution gleich, da es den der Logik des Arbeitsmarktes immanenten Zwang zur Arbeit abschaffen würde.

Auf den ersten Blick klingt das nach einer Art Gegenentwurf zu Hartz IV, einem linken Sozialstaatsprojekt also. Doch bei genauem Hinsehen wird klar: Am Grundeinkommen scheiden sich die Geister über politische Grenzen hinweg. Die Gewerkschaften sind dagegen, der Milliardär Götz W. Werner ist der in Deutschland bekannteste Verfechter dieser Idee, die Arbeitgeberverbände halten es für «nicht finanzierbar und leistungsfeindlich», das globalisierungskritische Netzwerk Attac, Internetpioniere aus dem Silicon Valley oder die katholische Arbeitnehmerbewegung wiederum sind dafür.

Das Grundeinkommen lässt sich also nicht ohne Weiteres einer Ideologie zuordnen. Und doch könnte es der Rettungsanker einer im Untergang begriffenen politischen Weltanschauung sein, die vermutlich wie keine andere die Moderne geprägt hat: der Liberalismus. Denn ein bedingungsloses und existenzsicherndes Grundeinkommen könnte vor allem eines leisten: Es könnte die Freiheit der Menschen entscheidend vergrößern.

Mit der Idee individueller Freiheitsrechte eroberte der Liberalismus einst die westliche Welt und trug dazu bei, dass absolutistische Herrscher vom Hof gejagt wurden. Als Vater des Liberalismus gilt der englische Philosoph John Locke, für den der Mensch «mit einem Rechtsanspruch auf vollkommene Freiheit und in Gleichheit mit jedem anderen Menschen» geboren ist. Neben der Gleichheit vor dem Gesetz gehörte dazu vor allem die formale Freiheit, also der Schutz vor Zwang und Übergriffen. Zudem waren auch das Eigentumsrecht und die Religionsfreiheit integraler Bestandteil dieser frühen liberalen Konzepte.

Doch die bahnbrechende Idee der Freiheit wurde immer stärker als ökonomische Freiheit interpretiert. Damit rückten ursprünglich ebenso liberale Forderungen wie die nach Chancengerechtigkeit in den Hintergrund. Innerhalb der vielfältigen liberalen Bewegung führte das durchaus zu Kontroversen – und zu einer Spaltung. Während der Industrialisierung wurde die soziale Frage immer drängender, der Sozialliberalismus entstand. Dessen Anhänger kamen zu der Einsicht, dass sich Freiheit und (Chancen-)Gleichheit nicht allein durch formale Rechte oder qua Geburt ergeben, sondern erst durch staatliche Eingriffe.

Zwar gerieten radikale wirtschaftsliberale Positionen zwischenzeitlich durch Entwicklungen wie die Weltwirtschaftskrise 1929 in den Hintergrund – doch nur, um einige Jahrzehnte später in Form des Neoliberalismus umso härter zurückzuschlagen. Die einseitige Transformation des Liberalismus scheint inzwischen abgeschlossen. In den vergangenen Jahrzehnten ist der Neoliberalismus abgekommen von seiner eigentlichen Prämisse – der Markt brauche Regeln, um den Wettbewerb zu schützen –, und hat sich selbst ad absurdum geführt, seit er für den in den 1980er Jahren begonnenen Deregulierungswahn steht. Dieser wiederum führte zur Entfesselung der (Finanz-)Märkte zulasten der nicht-marktkonformen Demokratie und machte aus liberaler Freiheit eine Anarchie zugunsten der Besitzenden und Mächtigen, eine Freiheit für diejenigen, die es sich leisten können.

Der Liberalismus und mit ihm die Idee der Freiheit sind also in Verruf geraten. Doch im Herzen dieser einst revolutionären Weltanschauung finden sich durchaus moralische Erwägungen, die konträr zur realgeschichtlichen, neoliberalen Karikatur dieser Tradition stehen. Man muss die Idee der Freiheit nur ernst nehmen. Und dazu könnte das bedingungslose Grundeinkommen der Schlüssel sein. Oder, wie es der belgische Philosoph Philippe Van Parijs formuliert: «Egal, ob man das Grundeinkommen begrüßt oder verteufelt, wer auch immer nach einer radikalen und innovativen Alternative zum Neoliberalismus strebt, muss sich mit diesem Konzept auseinandersetzen.»

Van Parijs ist es auch, der den Begriff *real freedom* prägte und damit die Tür öffnete für die liberale Rechtfertigung des Grundeinkommens. Was ist mit dieser «realen Freiheit» gemeint? Van Parijs ist Liberaler und als solcher Anhänger der Idee individueller Freiheitsrechte. Doch die klassischen formalen Rechte genügen ihm nicht, um von echter Freiheit zu sprechen. Denn was nutzt die Meinungsfreiheit, wenn man sich keine Bildung leisten kann? Und was bringt die Reisefreiheit, wenn Menschen kein Geld haben? Zugespitzt: Wem nutzt Freiheit, wenn man verhungert?

Freiheit erschöpft sich also nicht im Formalen, ihre Verwirklichung hängt maßgeblich vom ökonomischen und sozialen Status ab – besonders in der kapitalistischen Welt, wo die Freiheit des Einzelnen nicht erst da endet, wo die eines anderen beginnt, sondern schon dort, wo die Kaufkraft des eigenen Geldbeutels aufhört. Das bedingungslose Grundeinkommen hingegen meint keine abstrakte, sondern eine tatsächliche, reale Freiheit. Klar dürfte sein, dass hier keine absolute Verwirklichung aller Wünsche gemeint sein kann, sondern lediglich eine maximal mögliche Vergrößerung der Möglichkeiten und Chancen.

Das wird aber nicht allein durch ein existenzsicherndes Einkommen, etwa im Sinne der deutschen Sozialsysteme, erreicht, sondern vor allem, indem diese materielle Basis bedingungslos allen Menschen gewährt wird. Erst die Bedingungslosigkeit macht das Grundeinkommen zu einem entscheidenden Trumpf des modernen Liberalismus. Denn erst ein bedingungsloses Grundeinkommen in existenzsichernder Höhe befreit die Menschen «von der Drohung des Hungertods» (Erich Fromm) und damit vom Arbeitszwang sowie auch von der Stigmatisierung als Bedürftige. So könnten innovative, kreative Kräfte freigesetzt werden. Und auch die Frage, ob und wie man zwischen Erwerbs- und Erziehungsarbeit, künstlerischer Betätigung, Ehrenamt oder Pflegetätigkeiten hin- und herwechselt, ließe sich neu beantworten.

Doch führt diese Freiheit nicht unweigerlich in die Faulheit, wie Kritiker des Grundeinkommens meinen? Es ist das scheinbar schlagkräftigste Argument der Gegner dieser Idee, die behaupten, eine bedingungslose Zahlung würde die Menschen massenhaft in die Hängematte des Sozialstaates befördern. Letztlich bleibt diese Frage bis zu einer möglichen Einführung des Grundeinkommens offen – und ist bis dahin vom jeweiligen Menschenbild abhängig.

Vieles spricht aber gegen das kaltherzige Bild des *homo oeconomicus*, eines allein seine eigenen Interessen maximierenden Individuums. Denn neben dem Monetären gibt es viele weitere Gründe zu arbeiten, etwa soziale Integration, Selbstverwirklichung, Stolz oder Anerkennung. In repräsentativen Umfragen wie zuletzt in der Schweiz bestätigen das die Menschen, wenn 90 Prozent von ihnen angeben, mit einem Grundeinkommen weiterhin arbeiten zu wollen. Außerdem würden 2500 Franken monatlich den meisten wohl nicht ausreichen.

Die Furcht vor einer Horde Sozialschmarotzer, die die Gemeinschaft ausbeutet, ist jedenfalls unbegründet. Und die wenigen, die mit einem Grundeinkommen wirklich nicht arbeiten wollten, sollten trotzdem essen – bedingungslos. Das ist zutiefst humanistisch und damit in gewissem Sinne auch liberal, weil es den einzelnen Menschen in den Mittelpunkt stellt.

Es deutet also vieles darauf hin, dass die Menschen nicht trotz, sondern wegen eines Grundeinkommens arbeiten würden. Nur wie? Die Frage, wer mit einem bedingungslosen Grundeinkommen noch die «Drecksarbeit» macht, ist ein ebenfalls sehr beliebtes Gegenargument – das bei genauerem Hinsehen an Dreistigkeit kaum zu überbieten ist. Denn die Gegenfrage muss lauten: Warum machen Menschen denn heute diese Jobs? Weil sie ökonomisch dazu gezwungen werden!

Das zu ändern wäre die vielleicht größte Leistung eines bedingungslosen, existenzsichernden Grundeinkommens. Indem Menschen, ausgestattet mit dem Notwendigen, wirklich frei entscheiden können, was sie tun, wäre niemand mehr gezwungen, prekäre oder ethisch fragwürdige Jobs anzunehmen, die dann aufgewertet werden müssten. In diesem Sinne ist das Grundeinkommen eine urliberale Idee, die individuelle Freiheits- und Möglichkeitsspielräume massiv vergrößern würde, weil sie der Tatsache Rechnung trägt, dass erst das

Fressen kommt und dann die Freiheit. Und weil das Grundeinkommen diese Freiheit bedingungslos in die Hände der Einzelnen legt.

Zudem hätte ein bedingungsloses und existenzsicherndes Einkommen noch weitere im liberalen Sinn positive Effekte, etwa die mögliche Emanzipation bisher benachteiligter Gruppen sowie die Vergrößerung der Chancengleichheit. Indem sich Anstrengung eher im Verdienst niederschlagen und weniger von ungleichen Startchancen abhängen würde, könnte sogar die diffuse (liberale) Vorstellung der Leistungsgerechtigkeit gestärkt werden. Und weil heute ein großer Teil des Reichtums auf unverdienten Faktoren wie dem Glück der Geburt oder den die Realwirtschaft verzerrenden Finanzmärkten beruht, könnte das Grundeinkommen die Gesellschaft auch ein stückweit gerechter machen, indem es diesen Reichtum in einem bestimmten Ausmaß umverteilt und das Anrecht aller auf einen gleichen Anteil natürlicher Ressourcen verwirklicht.

Trotz all der guten Gründe für das Grundeinkommen ist dieses kein Allheilmittel, zumal die erhofften Errungenschaften maßgeblich vom wirtschaftspolitischen und sozialstaatlichen Kontext abhängen. Grundeinkommen ist nämlich nicht gleich Grundeinkommen – und der Neoliberalismus hat auch in der Grundeinkommensdebatte die Oberhand gewonnen. Schon einer der bekanntesten Befürworter, der US-amerikanische Wirtschaftsnobelpreisträger Milton Friedman, hatte ein neoliberales Grundeinkommen im Sinn, als er sich in den 1960ern und 1970ern für eine negative Einkommensteuer einsetzte.

Mit solchen Modellen werden vor allem ökonomistische Ziele verfolgt: Sozialausgaben sollen gekürzt, der Arbeitsmarkt weiter dereguliert und der Niedriglohnsektor ausgebaut werden. So könnte ein nicht-existenzsicherndes «Grundeinkommen», das alle Sozialleistungen ersetzt, für eine gründliche Rasur des Sozialstaats benutzt werden – und wäre so keine emanzipatorische Maßnahme, sondern ein neoliberales Mittel für den weiteren Umbau des Sozialstaates von *welfare* zu *workfare*.

Gestritten wird auch über die Finanzierung des Grundeinkommens. Das Mantra der Gegner lautet: Das Grundeinkommen ist sowieso nicht bezahlbar, schließlich würden monatlich 1000 Euro für Erwachsene und die Hälfte für Kinder in Deutschland jährlich über 800 Milliarden Euro kosten, also fast das Dreifache des Bundeshaushalts. Doch diese Rechnung ist aufgrund des hohen Produktionsniveaus irreführend – und ideologisch. Das deutsche Bruttoinlandsprodukt betrug 2015 nämlich über 3000 Milliarden Euro.

Bei entsprechender Besteuerung wäre das Grundeinkommen also finanzierbar, zumal es Einsparungen mit sich bringt: So könnten Bedürftigkeitsprüfungen wegfallen und ein Teil der jährlich 270 Milliarden Euro für die Rente eingespart werden – ebenso wie manch andere Sozialleistung. Außerdem kann das Grundeinkommen durch die Freisetzung innovativer Kräfte sowie die Ankurbelung der Kaufkraft die Produktivität steigern. Unterm Strich scheint die Finanzierung auch unter dem Eindruck etlicher seriöser Machbarkeitsstudien eher eine Frage des politischen denn des ökonomischen Willens.

Letztlich geht es darum, was liberal ist. Und was man somit wirklich unter der epochalen Idee der Freiheit versteht.

# Automatisierungsgewinn

*Von Frank Rieger*

Wie viele Menschen werden zukünftig noch arbeiten? Wie wird der Lebensunterhalt von denen finanziert, deren Talente und Fähigkeiten gerade nicht oder nie wieder marktgängig sind? Welche Wege gibt es, den Fortschritt beim Ersetzen menschlicher Arbeitskraft so zu gestalten, dass die Spaltung der Gesellschaft nicht noch weiter vertieft wird? Diese Fragen waren noch vor zwei Jahren fast ausschließlich auf Veranstaltungen im linksalternativen Kulturkreis zu finden. Heute sind sie Kernthemen bei Elitetreffen wie dem Weltwirtschaftsforum in Davos. CEOs und Investoren debattieren verschiedene Modelle eines universellen Grundeinkommens. Die Vorherrschaft der «Wer nicht arbeitet, soll auch nicht essen»-Ideologie neigt sich dem Ende zu. Woher kommt dieser plötzliche Sinneswandel?

Es ist eine einfache, aber grundlegende Erkenntnis: Wenn immer weniger Menschen in Lohn und Brot sind, nehmen auch immer weniger Menschen am Konsumkreislauf teil. Das gefährdet die Marktwirtschaft im bisherigen Sinne in ihren Grundfesten. Und wer nicht teilhaben kann am materiellen Wohlstand, neigt letztendlich auch eher dazu, seinem Unmut durch Stimmenabgabe für nationalistische Parteien Ausdruck zu verleihen, die Widerstand gegen die «alternativlose» neoliberale Globalisierungsagenda versprechen. Die Brexit-Abstimmung, der Aufstieg von xenophoben Parteien in Europa und von Trump in den USA sind hinreichende Warnsignale. Die Zahl der komplett Abgehängten und prekär Beschäftigten hat bereits eine kritische Masse erreicht – und die großen Automatisierungswellen kommen erst noch.

Zwar gibt es immer noch viele Anhänger der Überzeugung, dass «der Markt» schon rechtzeitig neue Arbeitsplätze für die von Robotern, Machine-Learning und Digitalisierung überflüssig gemachten Menschen schaffen wird. Schließlich war es ja – so die Argumentation – bisher auch immer so. Übersehen wird dabei jedoch der Faktor Geschwindigkeit. In der Vergangenheit dauerten Automatisierungswellen – wie etwa in der Landwirtschaft – mehrere Jahrzehnte. Jedoch ist bereits jetzt absehbar, dass diese Erfahrungen nicht in die Zukunft übertragbar sind. Die Einführung neuer Technik in der Breite – wie selbstfahrende LKWs – dauert heute nur wenige Jahre. Entsprechend schnell und heftig treten die Folgen für die Betroffenen ein. Vielleicht gibt es ja auch irgendwann neue Tätigkeiten für die Wegautomatisierten. Alle Statistiken deuten jedoch darauf hin, dass neue Arbeitsplätze in den Digitalindustrien bei weitem nicht in dem notwendigen Umfang entstehen – und oft genug eher prekärer und unsicherer Natur sind.

Wie aber finanziert man ein universelles Grundeinkommen? Roboter, Maschinen oder Computer zu besteuern – die sogenannte Maschinensteuer – ist ein in der Praxis untaugliches Konzept. Viele Menschen werden ihren Arbeitsplatz nicht an einen real präsenten Roboter verlieren, sondern an «intelligente» Software, die irgendwo in einem Cloud-

Datacenter läuft. Das wiederum gehört nicht einmal der Firma, die davon profitiert. Die Auflösung der physischen Präsenz künstlicher Intelligenz macht jede Vorstellung von Abzählbarkeit anhand der eingesetzten Hardware zunichte.

Was sich aber sehr wohl messen, quantifizieren und damit gerecht verteilen lässt, ist die Automatisierungsdividende. Der finanzielle Gewinn durch den Technikeinsatz ist ermittelbar, die Anzahl der wegfallenden Arbeitsplätze auch. Hier gilt es anzusetzen. Die große Aufgabe ist, praktikable und gerechte Modelle für ein neues, unbürokratisches Sozialsystem zu finden, dessen Finanzierung immer weniger auf der Besteuerung menschlicher Arbeit beruht.

Wie konkret die Gewinne aus der Automatisierung dafür herangezogen werden, wie sie verteilt werden und was die Bedingungen für ein Grundeinkommen sind – darüber werden in den nächsten Jahren hitzige Debatten geführt werden. Die Details werden wichtig: Sie werden einen großen Einfluss auf die Gesellschaft haben. Hier wird sich entscheiden, ob wir am Ende in einem digital unterfütterten Neofeudalismus landen oder in einer offenen, partizipativen Gesellschaft. Auch auf die Linke werden dabei schwierige Zielkonflikte zukommen: Wer wird alles ein Anrecht auf das Grundeinkommen bekommen? Derzeit würden die Kriterien dafür wohl hart abgrenzend, nationalstaatlich, bestenfalls europäisch sein.

# Zeitgeist und Menschenbild

*Von Enno Schmidt*

In den Tausenden Jahren wirtschaftlichen Fortschritts hätten sich immer neue Arbeitsplätze ergeben, und sie würden auch jetzt kommen, mehr als zuvor, selbst wenn man sie sich noch nicht vorstellen könne, sagt David Cote, CEO des Technologiekonzerns Honeywell. Er sagt das in dem neuen Buch von Andy Stern *Raising the Floor*. Andy Stern war einst der mächtigste Gewerkschaftsboss der USA. Jetzt flammt er für das bedingungslose Grundeinkommen. Es war für ihn eine bittere Pille. Aber die einzige Lösung. Warum? «Alles andere haben wir doch schon versucht. Es hat nichts gebracht.»

Was David Cote zum Entstehen neuer Arbeitsplätze sagt, überzeugt Andy Stern nicht. Cote könnte allerdings recht haben. Wenn im neuen Jahrtausend noch ein neuer Gedanke hinzukommt: ein Schwenk auf die Einkommensversorgung. Erst Einkommen, dann Arbeit. Und Arbeit nicht abgewogen in Tüten verteilt, sondern als das, was Arbeit eben ist. Was Menschen ihrem Interesse nach tun, und aus ihrer Einsicht in einen Bedarf, dem sie entgegenkommen wollen. Der neue Gedanke ist der einer Einkommensversorgung, die nicht hinter der Arbeit herläuft, sondern ihr vorangeht. Ein Einkommen, das das Arbeiten den Menschen überlässt. Erst braucht man ein Einkommen, dann kann man leben und arbeiten. Logisch.

«Es gibt so viel Arbeit, wie es Menschen gibt», sagte der Wirtschaftsprüfer Benediktus Hardorp. Das ist seine Antwort auf die Frage, was denn die neuen Jobs wären. Es ist seine Antwort auf die Frage, was Menschen tun, wenn für ihr Grundeinkommen gesorgt wäre. Es geht nicht nur um mehr Jobs, sondern um einen Schwenk im Begreifen der Arbeit. Arbeit nicht von der Erfüllung eines Einkommensplatzes aus gedacht, sondern vom Menschen aus. Von dem aus, was jemandem zu tun wichtig ist. Von dem aus, was zu tun ist.

Was zu tun ist, wird längst nicht immer bezahlt, und was bezahlt wird, würde manchmal besser nicht getan. Was hat Bezahlen mit Arbeit zu tun? So viel wie Eigentum mit Freiheit. Eigentum gibt die Freiheit, mit ihm zu machen, was man will. Meine Arbeit kann nicht das Eigentum eines anderen sein. Sonst wäre er mein Eigentümer. Denn Arbeit ist Leben. Mein Leben kann nicht einem anderen gehören, weil er dafür bezahlt.

«Ich lebe nicht, um zu arbeiten», verkünden manche stolz, «sondern ich arbeite nur für Geld, um zu leben.» Dumm gelaufen, wenn man einen Teil des Lebens verkauft, um im anderen frei zu haben. Warum so bescheiden? Das hat mit einem alten Verständnis zu tun, demnach Arbeit eine Strafe ist. Da war einmal der Sündenfall, der Rauswurf aus dem Paradies. Von nun an sollte man sich sein Brot im Schweiße seines Angesichts verdienen, verkündete der Engel. Das hat gesessen.

Bei Strafen muss es gerecht zugehen. Wenn Arbeit eine

Strafe ist, dann muss sie gerecht verteilt werden. Manche, die es sozial gerecht meinen, sind da katholischer als die Polizei erlaubt. Dabei ist das, was bei der Vertreibung aus dem Paradies gemeint war, wohl weniger der Trott der Arbeitsgesellschaft, als das, wozu ein bedingungsloses Grundeinkommen herausfordert. Ist es nicht schweißtreibend, diese neue Idee überhaupt zu denken?

Beim sogenannten Arbeitskampf ging es eigentlich schon immer um den Einkommenskampf. Und um Arbeitsbedingungen. Nicht um die Arbeit selbst. Was ist das für eine Arbeit, auf die es ein Recht geben kann? Das Recht auf Initiative, das Recht darauf, zu tun, was ich für wesentlich halte, wofür ich mein Leben einsetzen will, was ich unbedingt tun oder auch lassen will, darauf kann es nur ein Recht geben, weil es gleichbedeutend mit dem Recht auf Leben ist. Das Leben des Menschen ist nicht bloß vegetativ, sondern dazu gehört, was ich verwirklichen will. Zu einem solchen Recht auf Arbeit gehört ein Recht auf Einkommen. Und ein solches Einkommen ist rechtlich und bedingungslos. Es bestimmt nicht, wofür ich gut bin. Es lässt mich gut sein.

In der DDR hatten alle einen Arbeitsplatz. Arbeitsplatz war Zugehörigkeit, Kontrollorgan, Einkommensversorgung. Kein Arbeitsplatz, das war verboten. Die Betonköpfe des Sozialismus konnten Arbeit und Einkommen nicht auseinander denken. Das schwächt die Arbeit, nimmt ihr den Wert, schwächt die Wirtschaftlichkeit. Hauptsache Arbeitsplatz heißt: egal wie sinnvoll. Menschen nur zu beschäftigen heißt, ihre Aufmerksamkeit in den Sand zu setzen. Der Ruf nach der Schaffung von Arbeitsplätzen auch dort, wo sich nicht aus echtem Bedarf eine Arbeit zeigt, ist ebenso betonköpfig und hält die Leute von der Arbeit ab, die sich ihnen zeigt, aber vielleicht nicht bezahlt wird.

Wäre das Grundeinkommen ein Lohn fürs Nichtstun? Ein Lohn kann nicht bedingungslos sein. Ein Lohn steht in Beziehung zu etwas, das entlohnt oder belohnt wird. Ein bedingungsloses Grundeinkommen ist also kein Lohn. Logisch. Aber eine Sozialleistung mit der Gießkanne ist es auch nicht. Das bedingungslose Grundeinkommen ist nicht individuell bedarfsbezogen, keine Hilfe bei Not und keine Versicherungsleistung, sondern ein wirtschaftliches Grundrecht. Die Wirtschaft geht in alle Lebensbereiche. Das Rechtliche, Demokratische, nimmt sich ein Stück davon zurück. Die Lebensgrundlage für jeden. Ein soziales Recht, das freistellt, das frei bleibt. Ein fester Sockel, auf dem sich die Dynamik des Handelns umso freier entfalten kann. Mehr freier Markt mit gleicheren Chancen.

Die Existenzgrundlage ist nicht verhandelbar. Das bedingungslose Grundeinkommen ist kein wirtschaftlich ausgehandeltes, sondern ein demokratisch abgestimmtes Einkommen. Das ist es und das braucht es, weil ein Einkommen nicht das Gleiche wie Arbeit ist.

Ein Grundeinkommen ist Geld zum Leben, nicht für nichts. Ein Einkommen ist zum Leben. Jedes Einkommen wäre Geld für nichts, wenn das Leben nichts ist. Wir wollen heute schon nicht, dass Mitmenschen verhungern. Das bedingungslose Grundeinkommen ist die einfache Konsequenz, das Lebensnotwendige nicht mehr als Daumenschraube zu benutzen. Das Gefühl der Macht über andere gefällt sich selbst, ist aber kontraproduktiv.

Als die Sklaverei in den USA abgeschafft wurde, lag das

nicht nur an der Überzeugung von der Gleichheit der Menschen, sondern unter anderem auch daran, dass für die Arbeitsverhältnisse in der aufkommenden Industrialisierung die Bindung zu Sklaven viel zu eng war. Viel zu fest und dauerhaft. Das war nicht mehr das richtige Eigentumsverhältnis zu Arbeitenden. Was man von Arbeitenden brauchte, war nur deren Arbeitszeit, nicht deren restliches Leben.

Nüchtern betrachtet wird das beim bedingungslosen Grundeinkommen auch eine Rolle spielen. Anstellen und Freistellen geht beides einfacher, wenn jeder ein Grundeinkommen hat. Löhne werden flexibler und neu verhandelbar. Dazuverdienen und Großverdienen bleibt so heiß wie heute. Kapitalbesitz wird vom Grundeinkommen nicht angetastet. Jedenfalls zunächst nicht. Mehr als ein Grundeinkommen ist das Grundeinkommen nicht. Eine Lösung ist ein bedingungsloses Grundeinkommen nicht, sondern es lässt mehr von dem zu, was Menschen wollen und können oder auch nicht können. Es lässt mehr Lösungen zu von Menschen. Partnerschaft bekommt mehr Gewicht. Weniger Halt durch Ausreden des Müssens.

Mit einem bedingungslosen Grundeinkommen kann es gut sein, dass Menschen mehr von ihrem ganzen Wesen und ihrer ganzen Kultur in die Arbeit einbringen. Das sind andere Kräfte als die der Joberfüllung. Das ist effektiver, wahrscheinlich nachhaltiger und bringt mehr. Und kann auch ausgebeutet und abgefischt werden. Ein bedingungsloses Grundeinkommen eröffnet allen Arten von Interesse neue Möglichkeiten. Mehr Freiheit, mehr Eigenverantwortung. Das ist der Lauf der Geschichte.

Das Grundeinkommen ist keine Utopie, sondern bringt

mit der Bedingungslosigkeit nur Klarheit hinein in das, was vielfach schon längst so ist und was wir gutheißen. Versuchen Sie mal, eine Anstellung zu bekommen, indem Sie beim Vorstellungsgespräch sagen, dass Sie nur auf finanziellen Anreiz hin funktionieren. Dass die Arbeit selbst Sie nicht interessiert, nicht die Ziele des Unternehmens, keine persönliche Herausforderung, nicht Kollegen und Kunden. Sie bekommen die Stelle nicht. Intrinsische Motivation ist gefragt. Auch schon bei weniger gut bezahlten Tätigkeiten. Wer tatsächlich so ist, wie die Kritik am bedingungslosen Grundeinkommen den Menschen sieht – ein allein durch finanziellen Anreiz gesteuerter Egoist –, der ist heute schon arbeitslos.

Aber wäre es nicht ungerecht, wenn die einen für Geld arbeiten und die anderen es beim Grundeinkommen bewenden lassen? Dann haben die einen mehr, die anderen weniger. Ist das nicht gerecht? Genug zum Leben braucht jeder. Wir finden gut, dass es ein Recht auf Leben gibt, Grundrechte. Nur dass da noch die Courage fehlt. Was gegen das bedingungslose Grundeinkommen spricht, sind der Schimpf und die Schande, andere nicht frei leben lassen zu wollen. Anderen nicht zuzutrauen, dass sie ihr Leben nach eigenem Maßstab leben können. Vielleicht denkt man so über andere, weil man den eigenen Maßstab verraten hat?

Was gegen ein bedingungsloses Grundeinkommen spricht, ist die schüttere Angst vor der Freiheit anderer, die zu zwingen sein müssen zu Arbeiten, die ich nicht tun und auch nicht anständig bezahlen will. Das ist nicht böse, das ist nur alt. Das ist ein Rest aus der Vorstellungswelt der Leibeigenschaft. Logisch ist, dass Arbeiten, die notwendig und deshalb unverzichtbar sind, entsprechend gesellschaftlich wertvoll und entsprechend gesellschaftlich wertzuschätzen sind. Sie wären besser zu bezahlen, wenn sie sonst keiner macht. Mit einem bedingungslosen Grundeinkommen kann nein gesagt werden zu schlechten Arbeitsverhältnissen. Logisch ist, dass ein bedingungsloses Grundeinkommen einen Anreiz schafft, gute Arbeitsverhältnisse zu schaffen: Umgang auf gleicher Augenhöhe, mehr wirkliche Zusammenarbeit, mehr Gewicht auf der Kultur der Arbeit.

Was gegen ein bedingungsloses Grundeinkommen spricht, ist die Theorie der Ökonomie. Ihr Boden ist die Berechenbarkeit des Menschen im Hochhalten des Egoismus und dessen Steuerbarkeit durch monetäre Vorteile. Im System der finanziellen Anreize kann ein bedingungsloses Grundeinkommen nur aussehen wie ein Negativanreiz. Was keine Bestimmung ausspricht und kein Anreiz ist, ist ein Fehler im System und kann nur ein negativer Anreiz sein. Logisch. Aber falsch. Falsch in Bezug auf den Menschen. Nur, was ist der? Für die Theorie der Ökonomie ist der Computer der bessere Mensch. Und wie man Menschen ansieht, so werden sie.

Dass Arbeit und Einkommen auseinander zu denken sind, machen uns die Maschinen vor. Sie arbeiten und brauchen kein Einkommen. Sie schaffen Produkte und Dienstleistungen, die einen Preis tragen, der Einkommen generiert, ohne dass sie selbst eines brauchen. Die Wertschöpfung, das, was dann am Ende einen Preis ausmacht – und der Preis ist das Maß der Wertschöpfung –, hängt nicht nur mit eingebrachter menschlicher Arbeit zusammen. Aber mit den Preisen für Produkte und Dienstleistungen zahlen wir menschliche Einkommen. Einkommen anderer. Einkommen werden finanziert durch die Preise. Nicht durch Arbeit. Viele Arbeiten haben keinen Preis. Und manches, was einen Preis hat, hat ihn nicht aufgrund entlohnter Arbeit, sondern aufgrund von Eigentumsrechten.

Auch Rechte können einen Preis bilden. Sie bilden einen Preis, wenn jemand aufgrund von Rechten ein Einkommen beansprucht. Wenn ein bedingungsloses Grundeinkommen ein Recht wird, bildet es auch einen Preis. Es wird zu einem Anteil in den Preisen, die wir als Konsumenten zahlen. Dafür sind die Preise da: dass Einkommen gezahlt werden können. Und die Einkommen sind dafür da, dass Preise gezahlt werden können. Geld ist immer von Menschen für Menschen. Geld ist immer zum Weitergeben. Das Haben hat beim Geld keinen Sinn. Es kann einen nur erfreuen oder beruhigen, weil man weiß, dass man es weitergeben kann. Und weil man weiß, dass man etwas dafür bekommt. Eine Reise zum Beispiel. Aber nicht ein Hotel oder ein Flugzeug bekommen dann Geld, sondern Menschen erhalten ein Einkommen.

Vieler Menschen Einkommensanteile sind in einem Preis enthalten. Auch die Höhe eines Grundeinkommens für alle ist in den heutigen Preisen enthalten. Die Einkommenshöhe, die zumindest für das Notwendigste reicht, ist in den bestehenden Einkommen enthalten. Viele Einkommen sind höher. Finanziert ist ein Grundeinkommen schon, es ist nur noch nicht bedingungslos. Wenn es bedingungslos ist, kann es nicht mehr in Einkommen enthalten sein, die Bedingungen haben. Logisch. Es gibt auch nur ein Grundeinkommen, nicht zwei. Ein zweites wäre schon ein zusätzliches Einkommen über das Grundeinkommen hinaus. Auch logisch.

Wenn das bedingungslose Grundeinkommen die Aufgabe der Existenzsicherung übernimmt, haben alle anderen Einkommen diese Aufgabe nicht mehr.

Wie die Sozialkassen damit umgehen, kann man sich denken. Die Grundeinkommenshöhe wird aus allen Zuzahlungen zum Lebensunterhalt gestrichen. Viele Sozialzuzahlungen entfallen damit ganz. Was darüber hinaus nötig ist, bleibt erhalten. Wie die öffentliche Hand damit umgeht? Sie senkt die Steuern. Sie muss nicht mehr so viel einnehmen. Denn sie zahlt ihren Angestellten und Beamten um die Höhe des Grundeinkommens weniger Gehalt aus. Soweit die damit einverstanden sind. Sie könnten einverstanden sein, weil das eine gute Sache ist, ein bedingungsloses Grundeinkommen für alle, und weil sie den Grundeinkommensbetrag ja separat als bedingungsloses Einkommen erhalten. Unterm Strich hätten sie also das Gleiche wie zuvor. Und ihre Frau, ihr Mann, ihre Kinder und Freunde erhalten das Grundeinkommen auch bedingungslos.

Vielleicht sinken die Gehälter auch um mehr als ein Grundeinkommen. Bei höheren Gehältern geht das. Niedrige werden nicht um die volle Höhe eines Grundeinkommens sinken. Das ist Verhandlungssache. Hier gibt es Druck vom Wettbewerb in der Marktwirtschaft. Wer kann die Kosten der Arbeit am meisten senken und günstiger anbieten? Wer kann mit den Herstellungskosten am meisten runtergehen und die Preise senken? Die Preise werden sinken. Im Prinzip sinken sie um die Höhe der Grundeinkommen, die nicht mehr in den bisherigen Einkommen enthalten sind. Da wird ein Platz frei in den Preisen. Das ist der Platz des Grundeinkommens. Den übernimmt eine Steuer oder Abgabe zur

Finanzierung der nun bedingungslosen Grundeinkommen. Vorher wurde in den Preisen das Grundeinkommen als Bestandteil in anderen Einkommen mitfinanziert. Jetzt wird es in den Preisen mit einem steuerlichen Anteil für das bedingungslose Grundeinkommen mitfinanziert. Das Neue des bedingungslosen Grundeinkommens ist die Bedingungslosigkeit des Grundeinkommens.

Man kann es aber auch anders machen. Man kann einfach Geld in die Gesellschaft spülen. Helikoptergeld. Das ist eine andere Intention. Die Intention ist, die Konsumausgaben zu steigern, die Wirtschaft anzukurbeln und Inflation zu erzeugen. Man könnte meinen, die Intention sei egal, Hauptsache, es kommt ein Grundeinkommen. Es kommt dann aber kein Grundeinkommen. Es kommt eine Konjunkturmaßnahme durch die konsumierende Masse Mensch. Um die Intention geht es. Ein Grundeinkommen kann automatisch als Folge der Automatisierung kommen. Das wäre dann für die, die nicht mehr mitkommen. Es kann Menschen entblößen, indem es Fesseln nimmt. Es kann stärken. Es kann entwurzeln, ein Sprungbrett sein oder ein sicherer Boden. Auf die Eigenaktivität kommt es an. Es ist kein zwingender Grund. Es gibt keinen zwingenden Grund für das bedingungslose Grundeinkommen. Es ist ein Schritt in Freiheit. Der allerdings ist notwendig. Es nimmt ihn einem keiner ab. Nicht beim Denken des bedingungslosen Grundeinkommens, nicht, wenn es als Geld ausgezahlt wird. Auch das ist in Bezug auf die Bedingungslosigkeit logisch.

Eine Arbeit kann von Menschen an Maschinen übergehen, das Einkommen aber muss bei den Menschen bleiben. Es kann nicht mit den Maschinen mitgehen. Die brauchen keines. Die Menschen brauchen eines, auch wenn sie keine Arbeit für Geld ausführen. Wenn eine Arbeit von Maschinen übernommen werden kann, dann liegt das daran, dass sie oft über Jahrhunderte von Menschen so perfektioniert wurde, dass sie standardisiert und automatisiert werden kann. Eine Leistung von Generationen. Wem gilt das Erbe? Ein Erbteil ist das bedingungslose Grundeinkommen für alle.

«Wir haben keine Zeit zum Geldverdienen»: Das stand auf Transparenten einer Demonstration von Tausenden Frauen in Italien. Gemeint war: Wir leisten vordringliche Arbeit, wir tragen die Gesellschaft und tragen zu ihr bei, aber wir haben keine Zeit, auch noch für Geld zu arbeiten. Unsere Gesellschaft beruht auf weit über 50 Prozent unbezahlter Arbeit. Sie bildet Gesellschaft und ist genauso Teil der Wirtschaft. Ohne sie wäre die nicht. Es sind also nicht nur die Maschinen, die vormachen, dass Arbeit und Einkommen nicht das Gleiche sind, sondern seit jeher die Arbeiten, die wertvoll sind, aber nicht bezahlt werden. Der Wert der Arbeit ist nicht die Bezahlung.

Doch die Regel, mit der schon Kinder aufwachsen, ist die, dass ein Lebensrecht zu erwerben ist durch wirtschaftliche Verwertbarkeit des eigenen Tuns. Dann ist man erwachsen. Oder, wenn einem das nicht gelingt, man auch kein Vermögen geerbt hat oder vom Einkommen anderer leben kann: ein Sozialfall. Ein bedingungsloses Grundeinkommen wäre das Recht zu leben als Recht. Wollen wir das?

Wieso aber für alle? Wieso auch für die Reichen, auch für die, die es gar nicht brauchen? Weil wir eine Gesellschaft sind. Es gibt das Element der Gleichheit. Ein Grundrecht gilt für alle, nicht nur für die, die es gerade brauchen. Oder anders gesagt: Ein Grundrecht ist eines, weil es immer für alle ist. Wieso gibt es ein Wahlrecht? Viele gehen nicht zur Wahl, viele sind nicht gut informiert, viele haben eine andere Meinung als ich. Aber das Wahlrecht haben alle.

Was dagegen sprach, als es das noch nicht gab, waren die gleichen Gründe wie die, die jetzt gegen ein bedingungsloses Grundeinkommen aufgefahren werden. Es sei eine Überforderung, es fehle die Reife, die Gesellschaft bräche zusammen, es sollten nur Besitzende mitbestimmen dürfen. Wieso ein Stimmrecht auch für Frauen, wo doch die Männer auch im Interesse der Frauen abstimmen? Weil es ein Unterschied ist, ob ich die Vertreterrolle für andere beanspruche – mit welchen Beteuerungen auch immer – oder ob jedem das Recht gegeben ist, sich selbst zu vertreten. Das bedingungslose Grundeinkommen ist aus dem gleichen Geist wie die Demokratie.

Kommen wir zum Zeitgeist: *disruption*, Unterbrechung, *shoot to the moon*, Sachen über Ängtslichkeiten und rote Ampeln der bestehenden Verhältnisse hinaus weit und neu denken können. Das sind Schlagwörter der Datenökonomie und des Silicon Valley.

Das gilt für das bedingungslose Grundeinkommen auch. Es ist disruptiv für die Regel, dass erst für Geld zu arbeiten ist, bevor das Leben kommt. Es ist disruptiv im Tauschverhältnis, Geld zum Leben nur im Gegenzug zur Abgabe von Lebenszeit zu bekommen. Es lässt Brüche zu, es lässt Krisen zu, es lässt Gedanken zu, die einem aufgrund der Erwerbsabhängigkeit gar nicht erst kommen. Es weitet den Horizont und eröffnet neue Perspektiven.

Zum Zeitgeist der Digitalökonomie gehört, global, als Plattform, den Löwenanteil der Wertschöpfung einer ganzen Branche zu übernehmen – durch eine App, ein Programm, durch Datenbesitz. Es gehört dazu, nicht zu warten, sondern zu machen, und es gehört dazu maximale Effizienz.

Das gilt von der Konstruktion, nicht vom Inhalt her auch für das bedingungslose Grundeinkommen. Es ist im Prinzip global. Ein Menschenrecht. Alle brauchen ein Grundeinkommen. Das Grundeinkommen ist eine Plattform, die Geld von allen an alle verteilt, nicht eine, die Geld von allen an einen umverteilt. Nicht warten, nicht vor der roten Ampel stehen, das ermöglicht das bedingungslose Grundeinkommen. Nicht Gelder auf Antrag, Geld mit Auflagen, Geld, das einen an Vorstellungen anderer bindet. Maximale Effizienz, auch das ist ein bedingungsloses Grundeinkommen. Denn es ermöglicht, mehr als heute, da zu sein, wo man am besten ist. Es so zu machen, wie man es am besten kann und verantworten will. Nicht aus Erwerbsgründen umständlich sein. Nicht an der Sache vorbei hantieren, weil das bezahlt wird. Und zu wechseln, wenn die Zeit für einen um ist. Es gibt mehr Planungssicherheit, schützt die Privatsphäre, lässt Entwicklung und Wachstum zu, aus denen substanziell etwas hervorgehen kann. Und es gibt dem Neuen eine Chance. Dem Unvorhersehbaren und Unmittelbaren.

Was ist der Mensch? Diese Frage stellt sich angesichts des Zeitgeists neu. Was ist der Mensch, wenn künstliche Intelligenz besser kann, wovon man zuvor meinte, dass es nur Menschen können? Was ist der Mensch, wenn das Umfeld, in dem man sich als Ich erlebt, virtuell ist? Was ist der Mensch, wenn das Wissen, aufgrund dessen man Entscheidungen fällt, einem als Programm eingespielt wird, und die Interessen, die man für die eigenen hält, aus der Cloud abgerufen werden?

Was ist der Mensch, wenn das, was schließlich immer noch nur Menschen passiert, eigentlich überflüssig und wertlos ist?

Das bedingungslose Grundeinkommen entspricht dem Zeitgeist. Nur dass es die Frage nach dem Menschen nicht aufgrund seiner Überflüssigkeit, sondern aufgrund seiner Bedeutung stellt. Es richtet sich nur auf den Menschen. Nicht auf eine Funktion, nicht auf einen Umstand. Und weil es sich auf den Menschen richtet, richtet es sich auf jeden Einzelnen.

Kommen wir schließlich zum Menschenbild. Man könnte meinen, es gäbe verschiedene Menschenbilder. Aber dann ist es kein Menschenbild, sondern ein Bild von Eigenarten verschiedener Menschen. Es gibt verschiedene Menschen. Aber es kann nur ein Menschenbild geben. Eben das vom Menschen. Alle Verschiedenheit muss darin enthalten sein. Es gibt nicht verschiedene Menschenbilder, sondern ein Menschenbild oder kein Menschenbild.

Der Mensch ist eine Maschine? Das wäre ein Maschinenbild, kein Menschenbild. Wie kommt die Maschine darauf, es wichtig zu finden, sich als Maschine zu erkennen, wenn sie nur eine Maschine ist?

Der Mensch ist von Natur aus faul? Wenn das ein Menschenbild ist, gilt es für alle und auch für den, der das behauptet. Dann ist es eine faule Aussage, getroffen aus Faulheit und insofern nicht recht ernst zu nehmen als Erkenntnisleistung. Nicht sehr aussagefähig.

Der Mensch ist ein *homo oeconomicus*, ein rationaler Egoist, der in allem seinen geldlichen Vorteil im Auge hat? Soll das ein Menschenbild sein, so gilt es auch für jenen, der das sagt. Was er sagt, sagt er also im Hinblick auf seinen geldlichen Vorteil. Nicht, weil es ihm um die Sache, gar um die Wahrheit, um etwas außerhalb seines egoistischen Interesses geht. Sähe er für sich darin keinen Vorteil, würde er es nicht sagen. Logisch. Aber dadurch auch nicht aussagefähig.

Der Mensch ist ein Tier, nur komplizierter? Das wäre kein Menschenbild, sondern ein Tierbild. Was aber auch den Tieren nicht entspräche. Dann jedenfalls nicht, wenn Tiere nicht Menschen sind, nur einfacher. Die Frage bliebe, was der Mensch ist.

Der Mensch ist ein komplexes physikalisches Geschehen? Gefühle, Werte, Wahrheiten, das alles kann man haben. Aber die Bedeutung, die wir dem geben, ist nichts anderes als eine Illusion. Es sind letztlich physikalische Geschehnisse. Das ist letztlich das Wesen all dessen, was wir für Glaube, Liebe, Hoffnung halten. Diese komplexen physikalischen Abläufe sind determiniert. Vorherbestimmt. Das heißt, durch Prägungen und Anlagen stets zwingend bestimmt, nicht frei. Frei, das ist ein Gefühl, verursacht durch die Ausschüttung bestimmter Stoffe im Körper.

Das ist das naturwissenschaftliche Menschenbild. Es könnte nur stimmen, solange es nicht stimmt. Wäre es wahr, würde es nicht existieren. Denn wenn ein Mensch, also eine determinierte physikalische Reaktion, zu einer Aussage kommt, existiert diese Aussage erst mit einer Bedeutung, wenn ihr etwas Bedeutung geben kann. Der tote Stoff kann dies nicht tun. Was Bedeutung erlebt und Bedeutung zuspricht, muss also selbst wirklich sein, wesenhaft, nicht Illusion, wenn es eine Bedeutung geben soll.

Dass etwas wahr sei, ist ein Empfinden. Bedeutung ist eine Empfindung. Es ist ein seelisches Geschehen. Wenn das keine Wirklichkeit in sich hat, sondern seine Wirklichkeit physikaisches Geschehen, also totes und wesenloses Geschehen ist, dann gibt es nichts, was dieser Aussage einen Wert geben könnte, einen Wahrheitsgehalt. Es gäbe auch keinen Grund für eine solche Aussage. Denn sie zielt auf Erkenntnis, Verständnis – und auf Veränderbarkeit. Warum sollte man sie sonst verkünden? Wem sollte so eine Aussage mitgeteilt werden? Anderen Menschen? Physikalischem Geschehen? Was wäre der Vorteil für ein determiniertes physikalisches Reiz-Reaktions-Schema, etwas zu verstehen? Es wäre nur noch eine Prägung. Ohne Bedeutung. Das Empfinden von Sinn: eine Illusion. Aber die Aussage, was der Mensch sei und ist, will doch gerade sinnvoll sein! Was also das naturwissenschaftliche Menschenbild für wahr oder stimmig halten kann, ist nicht in ihm enthalten. Interessant ist es nur, solange es kein Menschenbild ist.

Auch Menschenbilder, die nur das Seelische oder nur das Geistige gelten lassen, sind keine Menschenbilder. Die meisten Menschenbilder können sich nur aus Mangel an Konsequenz sich selbst gegenüber halten. Wo eines für alles erklärt wird, ist es kein Menschenbild.

Kurz gesagt: Das Menschenbild ist eine Frage. Und das bedingungslose Grundeinkommen lässt weiterfragen. Es hält in der Frage, hält Fragen offen, und hält damit den Menschen in der Entwicklung.

# Grundrecht der Zukunft

*Von Oswald Sigg*

Die Schweizer Volksinitiative für ein bedingungsloses Grundeinkommen enthält eigentlich nur die Frage, ob alle Menschen in der Schweiz Anspruch auf ein würdiges Leben haben sollen. Das mag in einem Land, wo die Bundesverfassung in Artikel 7 vorschreibt: «Die Würde des Menschen ist zu achten und zu schützen», und in Artikel 41 den Bestand an sozialen Zielen abschließend aufzählt, als überflüssig gelten.

Jedoch existiert unser Sozialstaat hauptsächlich auf dem Papier. Der Absatz 4 von Artikel 41 der Bundesverfassung weist deutlich darauf hin: «Aus den Sozialzielen können keine unmittelbaren Ansprüche auf staatliche Leistungen abgeleitet werden.» Es sind denn auch die Kantone und ihre Gemeinden, die für in soziale Not geratene Einwohnerinnen und Einwohner zuständig wären. Die Verfassung des Kantons Bern zum Beispiel regelt in Artikel 27: «Jede Person hat bei Notlagen Anspruch auf ein Obdach, auf die für ein menschenwürdiges Leben notwendigen Mittel und auf grundlegende medizinische Versorgung.» Die Zürcher Verfassung begnügt sich damit: «Die Sozialziele der Bundesverfassung sind auch Sozialziele des Kantons und der Gemeinden.»

Mit der Realität hat dies alles ohnehin wenig gemein. Seit

die größte Partei des Landes, die SVP, vor gut 15 Jahren die Deutungshoheit in der Sozialpolitik übernommen hat, werden sämtliche der sozialen Hilfe Bedürftigen wie Invaliden, Flüchtlinge, Asylsuchende und Arbeitslose als Schmarotzer, faule Kerle und Simulanten bezeichnet. Die Sozialbehörden selbst bringen den Hilfesuchenden zuerst einmal Misstrauen entgegen. Sie traktieren sie mit Verhören, Fragebögen und Abklärungen. Jene, die dann schließlich dem Sozialhilferegime unterstellt werden, befinden sich quasi im offenen Strafvollzug. Neuerdings werden sogar in Einbürgerungsgesetzen «Verbrecher und Sozialhilfeempfänger» gleichgestellt. Das alles sind die Gründe, weshalb schätzungsweise über 200.000 in Not geratene Menschen in der Schweiz sich nicht bei den Sozialdiensten melden, um ihr Recht auf öffentliche Hilfe in Anspruch zu nehmen. Somit bleibt die Kriminalisierung der Sozialhilfe eine hocheffiziente Sparübung.

Ein Grundeinkommen soll dies ändern. Erst wenn alle eine Rente erhalten, muss sich kein Mensch mehr für die seinige schämen. Mit dem AHV-Gesetz haben wir diesen Zustand für die älteren Menschen 1948 erreicht, als die ersten Renten ausbezahlt wurden. Übrigens ist damals das AHV-Gesetz in Kraft getreten, als in den Nachbarländern die Altersversicherung bereits existierte. So könnte auch das Grundeinkommen als das Sozialwerk der Zukunft kaum ohne Rücksicht auf den europäischen Kontext umgesetzt werden, und es steht ja heute auch in halb Europa zur Diskussion. Die Finanzierung des Grundeinkommens müsste jedoch den Weg der AHV verlassen.

Ein Blick in ihre Geschichte zeigt, wie früh der freisinnige Basler Nationalrat Christian Rothenberger (1868 bis

1938) mit einem Vorschlag für eine solidarisch finanzierte Altersversicherung hervortrat. 1920 deponierte er im Bundeshaus eine Volksinitiative zur Einführung der AHV. Zur Finanzierung schlug er einen Fonds vor, der aus den Erträgen der eidgenössischen Kriegsgewinnsteuer gebildet worden wäre. Als Kriegsgewinn definierte das Gesetz den Betrag, um den der Betriebsertrag des Steuerjahres höher war als das mittlere Ergebnis der beiden Vorkriegsjahre. Somit wurden die beträchtlichen Kriegsgewinne von Industrie, Handel und Gewerbe zwischen 1915 und 1920 mit bis zu 50 Prozent besteuert – mit einem heutigen Ergebnis von 4,471 Milliarden Franken. Doch die bürgerlichen Parteien opponierten dem Vorschlag. Für sie war er antiföderalistisch und sozialistisch. Rothenbergers Initiative wurde 1925 von Volk und Ständen abgelehnt. Das Prinzip einer ansatzweise solidarischen Finanzierung – wer mehr verdient, bezahlt mehr – wurde hingegen für die Finanzarchitektur der AHV in moderatem Ausmaß beibehalten.

Wir gelangen heute an die Grenzen der Finanzierung unserer Sozialversicherungen. Kürzere Arbeitszeiten, wachsende Lohnarbeitslosigkeit und demographischer Wandel sind die Gründe. Ohnehin erfordert das bedingungslose Grundeinkommen eine fiskalpolitische Kehrtwende. Der Finanzunternehmer Felix Bolliger schlägt mit seiner Mikrosteuer auf den gesamten, von der Finanzwirtschaft dominierten Zahlungsverkehr eine Ablösung des heutigen, allzu komplexen Steuersystems vor. Im Endausbau wäre die Mikrosteuer so ergiebig, dass damit alle öffentlichen Aufgaben finanziert wären.

Das bedingungslose Grundeinkommen ist nach dem Sozialethiker Hans Ruh eine Antwort auf die technologisch bedingte Arbeitslosigkeit, die ungerecht verteilten Einkommen, die Krise unserer Lebensform und auf die unsichere Zukunft. Das stimmt. Wobei es am 5. Juni 2016 bei der Volksabstimmung vorläufig nur darum geht, ob die Richtung stimmt: nämlich die Stärkung der Menschenwürde mitten im Wandel der Zeit.

# Wider die menschliche Natur

*Von Ralf Stegner*

Das Interesse am bedingungslosen Grundeinkommen ist derzeit stark wie nie. Große deutsche Zeitungen machen damit auf, die Schweiz hat eine Volksabstimmung dazu durchgeführt und auch in Kanada und Finnland wird mit solchen Modellen geliebäugelt und experimentiert. Das Grundeinkommen ist ein populäres Diskussionsthema auch in politisch interessierten Freundeskreisen, denn es wirkt selbsterklärend einfach, positiv und klar – und damit ansprechend gerade für junge und zumeist auch eher progressive Leute.

Aber ist diese Vision wirklich positiv und progressiv? Unter der Überschrift «bedingungsloses Grundeinkommen» werden verschiedenste Modelle verstanden: Vom (sehr utopischen) Fast-Schlaraffenland, in dem dieses Einkommen großzügig ausfällt und zusätzlich zu allen anderen Sozialleistungen gewährt werden soll, bis hin zu harten neoliberalen Modellen, die durch die Zusammenlegung aller Leistungen eigentlich nur einen Abbau von Sozialstaatlichkeit wünschen, das aber mit einer «Für-alle-das-Gleiche»-Erzählung aufhübschen statt den Sozialabbau offen zu fordern.

Der gemeinsame Nenner aller Modelle ist, dass seine Befürworter wollen, dass der Staat allen Bürgern ohne jede Bedürftigkeitsprüfung ein Transfereinkommen zahlt. Das soll – je nach Variante – oberhalb des gesellschaftlichen Existenzminimums liegen, so dass man davon auskömmlich leben könnte.

Damit sollen nach dem Willen der Verfechter vor allem folgende Herausforderungen gelöst werden: 1.) Niemand soll mehr in Armut leben müssen; 2.) Niemand soll wegen seiner persönlichen Lebensentscheidung Existenzangst haben müssen – weder, weil er wegen der Kinder oder der Pflege der Eltern auf eine Erwerbsarbeit verzichtet, noch, weil er sein (einkommensloses) Hobby zur Tagesbeschäftigung macht; 3.) Die Verteilungsgerechtigkeit bei Arbeit und Einkommen (und damit auch bei Freizeit) und die Wertschätzung von ehrenamtlicher Arbeit sollen verbessert werden; 4.) Die Kosten des Sozialstaats sollen reduziert werden, indem alle Leistungen zusammengefasst werden; 5.) Das Leben soll einfacher und freier werden – man muss nichts mehr beantragen, wird nicht gegängelt, sondern bekommt einfach, was man braucht.

Mich überzeugt das alles nicht. Und zwar aus vielerlei Gründen, die ich anhand der Argumente der Befürworter erläutern will.

*1.) Grundeinkommen verhindert Armut.* – Das wird leider nicht geschehen. Der Fehler liegt in dem Gedanken, Armut sei auf materielle Bedürftigkeit reduzierbar. Wahr ist: Sozialtransfers allein können meist die durch Armut verursachte Ausgrenzung nicht beseitigen. Zur Einkommensarmut kommen nämlich allzu häufig weitere Benachteiligungen hinzu, die die Lebenslagen der Betroffenen bestimmen. Fehlende Bildungschancen werden durch ein bedingungsloses Grundeinkommen genauso wenig bekämpft wie die zumeist schlechtere allgemeine Gesundheit. Ich befürworte deshalb einen Sozialstaat, der den individuellen persönlichen Bedarf feststellt und zusätzlich öffentliche soziale Dienstleistungen wie Kitas, Arbeitsberatung, Präventionskurse, Familienhilfen und Jugendeinrichtungen anbietet.

Nicht bedarfsgerecht, sondern quasi «blind» alle finanziell gleich zu fördern, ist das Gegenteil einer gerechten Sozialpolitik. Diese muss nämlich dafür sorgen, dass die Ungleichheiten, die sich durch die Zufälligkeit ergeben, ob man in eine reiche oder arme, gebildete oder bildungsferne Familie geboren wird, ob man individuelle gesundheitliche Probleme hat oder auch nur, ob man in einer teuren oder günstigen Stadt wohnt, so gut wie möglich ausgeglichen werden. Das nicht zu berücksichtigen, ist nicht gerecht, sondern verschärft die Ungleichheit!

*2.) Grundeinkommen verhindert Existenzangst.* – Auch ich bin der Meinung: Niemand soll Existenzangst haben müssen. Deshalb gibt es unsere sozialen Sicherungssysteme, die Menschen bei Arbeitslosigkeit, in besonderen Notlagen, bei Krankheit oder bei Assistenzbedarf finanziell unterstützen und gleichzeitig dabei helfen sollen, dass sie möglichst wieder eigenständig werden. Aber ist es wirklich angemessen, wenn nicht nur diese individuellen Lebensrisiken solidarisch ausgeglichen werden, sondern alle Menschen leistungslos, auch wenn sie Arbeit haben oder arbeiten könnten, und ohne Not die gleiche Unterstützung erhalten? Und was ist mit den Menschen, für die diese Transferleistung nicht auskömmlich ist – weil sie vielleicht Alleinerziehende sind und keinen Job finden, der zu den Kitazeiten passt? Oder weil sie durch eine Behinderung einen Mehrbedarf haben? Wessen Existenzangst kann und soll damit eigentlich verhindert werden – und wessen nicht?

Es ist zudem wahrscheinlich, dass ein großzügiges bedingungsloses Grundeinkommen falsche Pull-Effekte für Menschen hat, die aus schlechteren Verhältnissen fliehen wollen. Man muss keineswegs die Angst vor neuen Migrationsbewegungen teilen – ich tue das ausdrücklich nicht –, um es politisch für wahrscheinlich zu halten, dass im Gegenzug zur Einführung eines solchen Grundeinkommens die Offenheit der Bundesrepublik eingeschränkt und die Zuwanderung für Migranten massiv erschwert würde. Deutschland ist keine Insel. Eine zur Wagenburg mutierte Bundesrepublik aber würde einer offenen Gesellschaft widersprechen und außerdem den Prozess der ohnehin schon in schweren Wassern befindlichen europäischen Integration und den Ausbau eines sozialen Europa torpedieren.

*3.) Grundeinkommen schafft Verteilungsgerechtigkeit.* – Es gibt die Behauptung, uns würde die Arbeit ausgehen. Noch jedenfalls ist das Gegenteil der Fall: In Deutschland haben wir derzeit zu wenig Fachkräfte für die anfallende Arbeit und so viele sozialversicherungspflichtig Beschäftigte wie noch nie.

Natürlich ist es richtig, darüber nachzudenken, wie Arbeit und Einkommen besser verteilt werden können. Es ist tatsächlich nicht gerecht, wenn Menschen mit sehr viel Arbeit trotzdem kleinste Einkommen haben, andere hingegen mit wenig Arbeit riesige Gewinne erzielen oder gleich ganz von Erbschaften oder Kapitalerträgen leben. Dieses Problem löst man aber nicht durch ein Grundeinkommen, sondern durch eine gerechte Steuerpolitik und eine starke gewerkschaftliche Interessenvertretung, die für gute Löhne kämpft.

Die Wahrscheinlichkeit ist zudem sehr hoch, dass mit einem solchen Grundeinkommen die Verweildauer in Arbeitslosigkeit zunimmt, da der Anreiz, schnell ins Berufsleben zurückzukehren, geringer wäre. Studien zeigen aber, dass mit jedem Monat Erwerbslosigkeit die Chance drastisch sinkt, wieder einen Job zu bekommen. Langzeitarbeitslose sind selbst dann schwer in das Erwerbsleben zu integrieren, wenn sie über gute Qualifikationen verfügen.

Weder bietet das Grundeinkommen mehr Gleichheit noch schließt es die Schere zwischen Arm und Reich. Akzeptanz würde es nur finden, wenn es einen der wichtigsten Grundsätze unserer Arbeitsgesellschaft beherzigt: Wer arbeitet, muss mehr haben, als der, der nicht arbeitet. Ein bedingungsloses Grundeinkommen aber würde dazu führen, dass diejenigen, die sich der Erwerbsarbeit stellen, die Individualitätsansprüche derjenigen finanzieren, die das nicht auf sich nehmen wollen. Das finde ich nicht gerecht. Ich will nicht, dass eine Krankenschwester im Schichtdienst mit ihren Steuern bezahlt, dass Menschen mit guter Ausbildung sich vor den Ungemütlichkeiten des Arbeitsmarkts drücken wollen. Ich will keinen Dachdecker dafür bezahlen lassen, dass andere keine Lust zum Arbeiten haben.

Eines ist wahr: Natürlich gibt es in unserer Gesellschaft höchstwichtige Arbeit auch jenseits der Lohn- und Erwerbsarbeit. 26 Millionen Menschen in Deutschland sind ehrenamtlich engagiert! Neben Lob und Anerkennung brauchen sie gute Bedingungen und eine vernünftige Absicherung. Aber genau das geschieht eben auch vielfach, etwa durch die rentenrechtliche Absicherung von Kindererziehungszeiten und Pflegezeiten oder die Absicherung ehrenamtlicher

Tätigkeiten in der Unfallversicherung. Dies sollte man verbessern und gerade nicht gefährden.

*4.) Grundeinkommen macht den Staat effizienter.* – Ginge es nach den Befürwortern des Grundeinkommens, sollte an die Stelle der bestehenden, oft unübersichtlichen sozialen Sicherungssysteme ein einziges und zudem einfaches, übersichtliches Instrument treten, das alle übrigen Transferleistungen und Dienstleistungen überflüssig macht. Das übersieht, dass gerade die damit verbundenen Dienstleistungen gebraucht werden: Ohne eine aktive Förderung stellt die Rückkehr ins Erwerbsleben Langzeiterwerbslose vor eine kaum zu überwindende Hürde. Fehlende Familienberatung, fehlende staatliche Unterstützung von Menschen mit Behinderung bei Fragen von Inklusion und Infrastruktur oder fehlende öffentliche Ganztagsbetreuung von Schülern kann nicht durch an jeden ausgezahltes Geld ersetzt werden. Auch hier gilt wieder: Einen schwachen Staat können sich nur die Reichen leisten!

Jeder ist seines eigenen Glückes Schmied. Um ein gelingendes Leben muss sich jeder Mensch selbst bemühen. Aber nicht jeder Schmied hat Glück. Der Staat muss die Bedingungen schaffen, damit jeder die Chance hat, aus seinem Leben etwas zu machen. Ein gerechter und handlungsfähiger Sozialstaat ohne leistungsfähige Verwaltung ist nicht denkbar.

*5.) Grundeinkommen sorgt für persönliche Freiheit und macht das Leben einfacher.* – Befürworter des Grundeinkommens werten gerne positiv, dass in einer Gesellschaft mit Grundeinkommen Menschen nur dann tätig würden, wenn sie sich für die Sache begeistern. Soziale Sicherheit braucht jedoch Vertrauen und Verbindlichkeit. Wenn ich nicht weiß, ob der Pfleger auch morgen meiner Oma beim Waschen hilft oder die Köchin der Kita das Essen zubereitet, dann verlieren wir dringend benötigte Sicherheit. Wenn niemand sich mehr auf die Arbeit der anderen verlassen kann, weil denen vielleicht gerade die Begeisterung fehlt, dann führt das zu Akzeptanzverlusten – und letztlich zu einer weiteren Spaltung der Gesellschaft.

Zudem könnte sich ein bedingungsloses Grundeinkommen in – von den Befürwortern – sehr unerwünschte Richtungen auswirken, etwa indem es die bestehende Geschlechterordnung nicht nur nicht verändert, sondern sogar zu einem dramatischen Rollback führen könnte. Das Grundeinkommen liefe Gefahr, wie eine üppige Prämie zu wirken, die gerade Frauen von der Erwerbsarbeit abhalten könnte.

*Fazit:* Natürlich ist der bundesdeutsche Sozialstaat nicht perfekt. Das bedingungslose Grundeinkommen ist jedoch aus all den genannten Gründen keine geeignete Antwort auf Armutsprobleme und Exklusion.

Auch ich glaube: Wir können einiges verbessern. Zum Beispiel sind viele der Dutzenden Formulare und Vorschriften, um Elterngeld, Kindergeld, Arbeitslosengeld II oder Wohngeld zu beantragen, bestenfalls undurchsichtig. Hier dafür zu sorgen, dass die, denen Leistungen zustehen, nicht erst Beantragungsseminare besuchen müssen, ist sicherlich lohnenswert.

Uns Sozialdemokraten wird es aber nie zuerst darum gehen, mit den Parteien gerade links von uns um immer höhere Sozialleistungen zu wetteifern. Ich will, dass möglichst wenig Menschen Sozialleistungen brauchen, weil sie dazu befähigt sind, ihr Leben selbst in die Hand zu nehmen. Das ist der Freiheitsbegriff der Sozialdemokratie. Jeder soll die gleichen Chancen haben, sein Leben selbst zu meistern. Und die, die das nicht können, sollen ordentliche Sozialleistungen bekommen.

Arbeit ist zudem nicht nur ein notwendiges Übel, damit zuhause Kartoffeln auf dem Tisch stehen können. Erwerbsarbeit hat etwas mit Würde zu tun. Menschen wollen Anerkennung bekommen für das, was sie leisten. Niemand will abgehängt sein – aber genauso wenig wollen Menschen versorgt und abgefunden werden. Sie wollen beteiligt sein. Das SPD-Grundsatzprogramm benennt daher Erwerbsarbeit als Schlüssel für Teilhabe am gesellschaftlichen Leben. Arbeit bietet einen Teil des Lebenssinns und ermöglicht ein selbstbestimmtes Leben. Wichtig ist deshalb, dass Arbeit gerecht entlohnt wird, soziale Sicherung garantiert, Anerkennung bietet, nicht krankmacht, erworbene Qualifikation nutzt, demokratische Teilhabe und die Vereinbarkeit von Familie und Beruf ermöglicht.

Arbeit bleibt für uns die Grundlage von Wohlstand und sozialer Sicherheit. Aber sie muss sehr wohl organisiert und gerecht verteilt werden. Dafür ist es natürlich notwendig, einen angemessenen Lohn zu zahlen, Leih- und Zeitarbeit weiter zu begrenzen und vor allem den Grundsatz «Gleichen Lohn für gleiche Arbeit», insbesondere Lohngleichheit zwischen den Geschlechtern, herzustellen. Wer aber die Arbeitsgesellschaft ohne Not ruiniert, der setzt die sozialen, kulturellen und ökologischen Leistungen unseres Landes aufs Spiel. Ich will keine anstrengungslose Gesellschaft, in der niemand mehr Verantwortung übernehmen muss für sich selbst oder für andere.

Leistung und Anstrengung sind links – wenn die Rahmenbedingungen stimmen und es fair zugeht. Die karitative Sozialtransfergesellschaft ist dagegen weder progressiv noch gerecht, zudem eine Kopfgeburt elitärer Praxisuntauglichkeit, die der Natur des Menschen widerspricht und, so meine Überzeugung, einen gesellschaftlichen Rückschritt bedeuten würde.

# Neubau des Sozialstaats

*Von Thomas Straubhaar*

Das 21. Jahrhundert ist schon mehr als ein Jahrzehnt alt. Damit sind längst auch die Erwartungen, Möglichkeiten und Grenzen staatlichen Handelns den Anforderungen einer neuen Zeitrechnung anzupassen. Digitalisierung und Individualisierung sind die neuen Megatrends. Sie verändern den Alltag, das Zusammenleben und die Arbeitswelt rasend schnell, fundamental und in jeder Beziehung.

Vor diesem Hintergrund ist es unabdingbar, auch die Staatsaufgaben zu modernisieren. Das gilt ganz besonders für den Sozialstaat. Ein Umbau genügt hier allerdings nicht, es bedarf eines Neubaus. Alles andere wird bestehende Probleme nicht lösen, sondern verschärfen und weitere schaffen.

Die Digitalisierung wird dazu führen, dass Automaten und Roboter den Menschen aus der Produktion verdrängen. Nicht nur standardisierte einfache Arbeiten am Fließband, an Supermarktkassen oder im Büro werden verschwinden. Auch in qualifizierteren Tätigkeitsbereichen wie beispielsweise Lokomotivführer, Versicherungsmakler oder Buchhalter werden Menschen zunehmend überflüssig.

Das ist vor allem dort ein Segen, wo Menschen bisher gefährliche, schmutzige oder risikoreiche Jobs ausüben mussten – etwa im Hoch- und Tiefbau, auf Dächern und in Tunneln, in Schlachtereien und Labors oder bei Kontroll- und Wachdiensten. In Zukunft werden Bauroboter Ziegel schleppen und Fenster montieren, Industrieroboter werden neue Bau-, Wirk- und Wertstoffe anwenden, intelligente Automaten und selbst gesteuerte Kameras werden kontrollieren und reagieren und dreidimensional einsatzfähige Polizeiroboter für die innere Sicherheit sorgen.

Die Digitalisierung macht offensichtlich, was eigentlich immer schon gültig war. Dass es zynisch, unmenschlich und auch wirtschaftlich unsinnig ist, Menschen wissentlich und willentlich zu versehren. Man fragt sich vor diesem Hintergrund, was für ein Menschenbild beispielsweise hinter einer Aussage steht, die fordert, «dass die Jobs, die keiner gern macht, nur dann erledigt werden, wenn auf den Leuten ein gewisser Erwerbsdruck lastet», wie der Präsident des ifo-Instituts, Clemens Fuest, im Nachrichtenmagazin *Spiegel* erklärt.

Dabei muss doch alles, was möglich ist, getan werden, damit Menschen bei der Arbeit körperlich und auch geistig gesund und unversehrt bleiben und nicht krank, ausgebrannt oder sogar nachhaltig geschädigt werden.

Der Mensch ist ökonomisch zu wertvoll, um ihn gefährliche, riskante und gesundheitsschädigende Arbeiten machen zu lassen und ihn dann bis zu seinem Lebensende zum Teil über Jahrzehnte hinweg krank durch den Sozialstaat zu schleppen. Das ist eine Privatisierung der Arbeitserträge und eine Sozialisierung der Folgekosten. Und das kann ökonomisch nicht effizient sein.

Es ist phantasielos, zu argumentieren, dass man im Zeitalter der Digitalisierung und Automatisierung, der Roboter und der künstlichen Intelligenz ein Ausbeutungssystem benötigt, das den Menschen zwingt, Arbeiten zu erledigen, die niemand machen will, um konkurrenzfähig zu bleiben. Klüger und der Wissensgesellschaft des 21. Jahrhunderts angemessen ist es, gefährliche, schmutzige, gesundheitsschädigende und menschenunwürdige Arbeiten von Robotern, Maschinen und Automaten erledigen zu lassen.

Überall wird es möglich sein oder muss es möglich gemacht werden, Menschen in ihrer unantastbaren Würde vor physischer und psychischer Versehrtheit zu schützen und sie in der freigewordenen Zeit für bessere und weniger strapaziöse Jobs auszubilden.

Richtig ist jedoch auch, dass die Digitalisierung das Ende eines Sozialstaates bedeutet, dessen Finanzierungsgrundlage das Arbeitseinkommen darstellt. Mit der Industrialisierung im 19. Jahrhundert wurde «(Lohn-)Arbeit zum entscheidenden Faktor der Wertschöpfung, zum wichtigsten Kriterium für das Selbstwertgefühl des Menschen und zur vorrangigen Quelle für die Einnahmen des Staates» – wie es Konrad Paul Liessmann, Professor für Philosophie und Ethik an der Universität Wien, erklärt. Wenig bis nichts mehr davon behält im Zeitalter der Digitalisierung seine Gültigkeit.

Zwar wird uns die Arbeit nicht ausgehen. Im Gegenteil: Die Digitalisierung wird zwar Millionen Jobs vernichten, sie wird jedoch auch Millionen an neuen Arbeitsplätzen schaffen – viele davon in Bereichen, die wir uns heute noch gar nicht vorstellen können. Aber sicher ist, dass Arbeit mehr und mehr ein radikal anderes Gesicht, eine andere Bedeutung und auch einen neuen Stellenwert erhalten wird – gesellschaftlich und auch wirtschaftlich. Dem muss der Sozialstaat des 21. Jahrhunderts Rechnung tragen.

Die Zukunft erfordert einen «blinden» Sozialstaat. Er muss alle Einkommen – also Löhne, Zinsen, ausgeschüttete Gewinne, Dividenden, Tantiemen, Mieteinnahmen, Transaktions- und Spekulationsgewinne – gleichermaßen und mit dem gleichen Steuersatz in die Pflicht nehmen und nicht die eine gegenüber der anderen Einkommensform bevorzugen oder benachteiligen. Es gibt viele gute und wenig schlechte Gründe dafür, egal, ob Menschen, Roboter oder Maschinen am Werk waren, jede Form der Wertschöpfung an der Quelle ihrer Entstehung mit einem einheitlichen Steuersatz zur Finanzierung staatlicher Aufgaben zu belasten.

Ein soziales Sicherungssystem, das einseitig auf Beiträgen aus Lohneinkommen basiert, ist ein Anachronismus aus der Zeit der Industrialisierung und der ungebrochenen lebenslangen Erwerbsbiographien, als das Gehalt des Mannes die wichtigste Quelle eines Familieneinkommens darstellte. Die Individualisierung hat das traditionelle Rollenverständnis und die Solidargemeinschaft der Familie infrage gestellt.

Die Arbeitswelt von heute verursacht Brüche und erfordert Auszeiten zur Neuorientierung. Beiden Veränderungen muss ein modernes Sozialsystem gerecht werden. Und eine Verlagerung der Finanzierung der sozialen Sicherung von Lohnbeiträgen auf eine Wertschöpfungsteuer erfüllt genau diese Forderung.

Man kann es drehen und wenden, wie man will. Digitalisierung und Individualisierung machen einen Sozialstaat erforderlich, der sich von der Fokussierung auf die Erwerbsarbeit löst, die das Zeitalter der Industrialisierung prägte. Arbeit wird immer weniger das Maß aller Dinge sein und weniger denn je wird, nur wer arbeitet, ein Mensch sein, der sozialpolitischer Unterstützung bedarf.

Weder wird es noch einen allgemeintypischen für alle mehr oder weniger gültigen Normalfall des Verhaltens und der lebenslangen Erwerbstätigkeit geben, noch wird die Finanzierung der sozialen Sicherungssysteme über das Arbeitseinkommen dem durch die digitale Revolution ausgelösten Strukturwandel gerecht.

Kein Wunder, dass vor diesem Hintergrund die alte Idee eines Grundeinkommens weltweit neue Unterstützung erfährt. Kein anderes Modell trägt als integriertes Steuer-Transfer-Modell aus einem Guss sowohl den Folgen der Digitalisierung als auch den Wirkungen der Individualisierung Rechnung.

Dass am 5. Juni 2016 in der Schweiz über «die Einführung eines bedingungslosen Grundeinkommens» abgestimmt wird, ist ein Anfang. Andere Gesellschaften wären gut beraten, lieber früher als später den Neubau ihres eigenen Sozialstaats anzugehen, bevor Digitalisierung und Individualisierung die sozialpolitischen Spannungen verschärfen und uneinlösbare Generationenverträge und brüchige Solidargemeinschaften offenbaren. Es ist zu kurz gedacht, im Grundeinkommen eine «Wohltat für alle» zu sehen. Vielmehr ist es in der digitalen Welt des 21. Jahrhunderts eine unverzichtbare Voraussetzung für einen «Wohlstand für alle»!

# Grundrechte lassen sich nicht kürzen

*Von Hans-Christian Ströbele*

Eine Schweizer Volksinitiative hat das bedingungslose Grundeinkommen kürzlich wieder zum Thema gemacht – nicht nur in der Schweiz, sondern auch in Deutschland. Bei der Abstimmung erreichte sie zwar nicht die Mehrheit – das hatte auch niemand erwartet –, aber in der Öffentlichkeit wurde das Für und Wider breit diskutiert. Das ist gut und wichtig, nicht nur, weil wir uns auf eine ganz neue Arbeitswelt in unserer Gesellschaft einstellen müssen, sondern auch, weil Grundrechte nicht weiter auf der Strecke bleiben dürfen.

Es geht nicht nur um das Grundrecht auf Sicherung des Existenzminimums, das im Sozialstaat grundsätzlich allen garantiert sein muss. Dessen Gewährung darf nicht an Bedingungen geknüpft werden, deren Nichterfüllung zum Verlust sämtlicher Sozialleistungen führt. Wohlverhalten ist nicht die Voraussetzung für die Inanspruchnahme von unveräußerlichen Grundrechten.

Es geht auch um die Grundrechte auf Schutz der Privatsphäre, der informationellen Selbstbestimmung und der Menschenwürde. In meinem Aufgabenbereich im Parlament setze ich mich seit vielen Jahren heftig dafür ein, dass Geheimdienste und sonstige Sicherheitsdienste diese Grundrechte auf Privatheit jedes Einzelnen achten und nicht verletzen, etwa durch Bespitzelung, Abhören oder Überwachen privatester, gar intimer Bereiche, sogenannter Kernbereiche privater Lebensführung. Da kann ich doch nicht übersehen und ignorieren, was Hartz-IV-Bezieher sich heute von staatlichen Stellen an Eingriffen in den privatesten Bereich gefallen lassen müssen.

Behörden fragen nicht nur persönliche Finanzen ab, sondern auch, mit wem Leitungsbezieher Tisch und Bett teilen. Sie kommen in die Wohnung, um die Angaben zu überprüfen, schauen in den Kühlschrank, um zu klären, ob ein oder zwei Stück Butter oder Milchtüten in Gebrauch sind. Diese Eingriffe in Grundrechte müssen sich die Menschen gefallen lassen, um überleben zu können. Diese Zumutungen werden durch das ausgefeilte Sanktionsregime im Hartz-IV-System durchgesetzt.

Ich setze mich deshalb für das bedingungslose Grundeinkommen ein – als Teil meines Engagements gegen die Verletzung der Grundrechte auf Privatheit und informationelle Selbstbestimmung und für die Achtung der Menschenwürde. Die Bedingungen und die Sanktionen, mit denen das Hartz-IV-Regime durchgesetzt wird, stehen für mich dabei im Vordergrund. Sie sind nicht menschenwürdig. Die Sanktionen der Jobcenter halte ich für unzumutbar und indiskutabel. Ich fordere deshalb den Stopp aller Sanktionen. Das wäre ein wichtiger Schritt auf dem Weg hin zu einem bedingungslosen Grundeinkommen. Das ist übrigens auch die Forderung der Grünen.

Bei einem bedingungslosen Grundeinkommen gibt es keine Bedingungen – und im Unterschied zum Hartz-IV-

System fallen dann die Zwangsmaßnahmen weg. Ich sehe das als eine große Chance. Das bedingungslose Grundeinkommen würdigt den mündigen Bürger, dem der Staat zu vertrauen hat und dessen Rechte er wahren muss.

Das Gegenargument, nach Einführung eines solchen Grundeinkommens würden sich viele auf die faule Haut legen, nicht mehr arbeiten und dem Staat auf der Tasche liegen, halte ich für nicht stichhaltig. Einmal zeigt die Erfahrung, dass die Menschen über kurz oder lang einer sinnvollen Tätigkeit nachgehen wollen. Die meisten Hartz-IV-Empfänger leiden auf Dauer darunter, dass sie keine solche Beschäftigung haben. Zum anderen gibt es immer noch Millionen Arbeitssuchende, die auf den Arbeitsmarkt drängen. Da können wir doch zufrieden sein, wenn sich ein Teil dieser Menschen aus dem Kreis verabschiedet und keine bezahlte Erwerbsarbeit mehr will, um einer anderen sinnvollen Beschäftigung etwa im ehrenamtlichen, künstlerischen, sportlichen oder naturpflegerischen Bereich nachzugehen.

Die Einführung eines bedingungslosen Grundeinkommens steht sicher nicht unmittelbar vor der Tür. Eine Volksabstimmung auf Bundesebene gibt es in Deutschland nicht. Leider. Uns bleibt nur aufzuklären und öffentlich auf Veranstaltungen und Demonstrationen sowie in der Bevölkerung und in Parteien dafür zu werben. Um stetig das Bewusstsein zu verändern und eine Bereitschaft für die Einführung eines bedingungslosen Grundeinkommens zu schaffen.

Die Grünen haben Erfahrung damit, jahrzehntelang Positionen nur zusammen mit einigen Bürgerinitiativen zu vertreten, die die meisten Deutschen zunächst abgelehnt haben – etwa den Atomausstieg, die Energiewende, den

Umweltschutz oder die Homo-Ehe. Sie mussten sich deshalb als naiv, realitätsfern oder gar als Spinner herabwürdigen lassen. Dann wurden diese Positionen mehr und mehr gesellschaftsfähig, mehrheitsfähig, und heute gehören sie zu den Programmen fast aller Parteien. Wir müssen die dicken Bretter nur lange bohren. Im Wahlkampf können wir die Forderung nach dem Sanktionsstopp voranbringen und damit schon mal eine soziale Alternative zum Hartz-IV-System anbieten. Wir können klarmachen, dass es darum gehen muss, die Grundrechte nicht nur gegen geheimdienstliche Überwachung, sondern auch vor sozialstaatlicher Schnüffelei zu schützen.

Soziale Sicherheit und politische Freiheit gehören zusammen. Ein bedingungsloses Grundeinkommen wäre ein unverzichtbarer Beitrag dafür, dass sie auch zusammenkommen.

# Gesellschaftsvertrag wider die Angst

*Von Bernd Ulrich*

Kürzlich lief im TV der Oscar-prämierte Film *12 Years a Slave*. Er handelt von einem New Yorker Afroamerikaner, der entführt und versklavt wurde. Und je länger man seinem Leben in den Baumwollfeldern der Südstaaten zuschaut, desto mehr fragt man sich: Warum werden die Sklaven da eigentlich unablässig mit der Peitsche zur Arbeit gezwungen? Die Antwort lautet: Wenn die Motivation zu arbeiten gleich null ist, dann muss die maximale Drohung aufgefahren werden: Schmerz, Demütigung, Tod.

Nun ist die Sklaverei in unseren Breiten abgeschafft, aber eine ihr zugrundeliegende Denkweise hat sich durchaus erhalten: Ohne Druck, ohne Drohung und ohne Angst arbeiten die Menschen nicht richtig. Oder jedenfalls die anderen Menschen.

Für die ganz unten bedeutet das: Wer nicht arbeitet, verarmt und wird obendrein demütigenden bürokratischen Verfahren ausgesetzt. Doch gilt die Logik, dass Angst motiviert, in abgeschwächter Form auch bei den besseren Arbeiten. Repressive Motivation verseucht noch immer weite Teile unserer Arbeitswelt. Dabei zerstört sie mehr an echter Arbeitslust, als sie an grimmiger Motivation produziert.

Doch gibt es eine Möglichkeit, diese ineffiziente, inhumane

Idee zum Verschwinden zu bringen: das Grundeinkommen – den Gesellschaftsvertrag wider die Angst bei der Arbeit.

Aber geht das überhaupt? Nun, wir haben es geschafft, die Angst in der Erziehung abzuschaffen (jedenfalls als legitimes Mittel), wieso dann nicht bei der Arbeit?

Würden sich dann nicht viele hängen lassen? Gewiss würden sie das, nur tun sie das auch heute schon, sie pfeifen auf die Entwürdigung und schaffen sich eine Welt des kultivierten Elends, sie verwahrlosen einfach trotz aller Drohungen – mitsamt ihren Kindern.

Aber würde man dann noch Leute finden, die die Scheißarbeiten erledigen? Tja, es müsste natürlich viel mehr Phantasie dareingelegt werden, wie man Scheißarbeiten abschafft oder erträglicher macht. Vor allem: Wer vom Staat beispielsweise 1500 Euro im Monat bekommt, dem müsste man schon echtes Geld bieten, damit er jene Arbeiten macht, die keiner will.

Und genau das wäre auch richtig so. Die niedrigsten Arbeiten müssten besser bezahlt werden. Das Grundeinkommen würde den kleinen weißen Teller der Klofrau zum Verschwinden bringen, und wir würden stattdessen alle doppelt so viel fürs Pinkeln zahlen. Allein dafür hätte es sich schon gelohnt.

Und wie teuer wird das alles? Gegenfrage: Gibt es etwas Wertvolleres als die Abwesenheit von Angst?

# Warum Linke sich nicht fürchten müssen

*Von Philippe Van Parijs*

Die Idee eines bedingungslosen Grundeinkommens ist derzeit en vogue. Von Finnland bis zur Schweiz, von San Francisco bis Seoul wird darüber diskutiert wie noch nie zuvor. Bisher war das Grundeinkommen zwei Mal Gegenstand einer richtigen öffentlichen Debatte, wenn auch nur kurz und jeweils auf ein Land beschränkt. In beiden Episoden spielte die gemäßigte Linke eine zentrale Rolle.

Die erste Debatte fand in England in der Folge des Ersten Weltkrieges statt. Der Quäker und Ingenieur Dennis Milner schaffte es, dass sein «*state bonus*»-Vorschlag 1920 auf dem Parteitag der Labour Party diskutiert wurde. Er wurde zwar abgelehnt, aber prominente Mitglieder der Partei verteidigten die Idee in den folgenden Jahren unter der Bezeichnung «Sozialdividende». Unter ihnen waren George Cole, Ökonom und politischer Theoretiker in Oxford, und der spätere Nobelpreisträger James Meade.

Die zweite Debatte fand in den Vereinigten Staaten in den späten 1960er und frühen 1970er Jahren statt. Ein weiterer späterer Nobelpreisträger, James Tobin, setzte sich für die Einführung eines «*demogrant*» ein – und zwar zusammen mit Harvard-Ökonom und Bestseller-Autor John Kenneth

Galbraith, ebenfalls auf der linken Seite der Demokratischen Partei. Sie überzeugten damit Senator George McGovern, der den Vorschlag während seiner Kampagne für die Nominierung als Präsidentschaftskandidat der Demokraten in sein Programm aufnahm. Er ließ die Forderung erst in den letzten Monaten vor der Wahl 1972 fallen, die er an Richard Nixon verlor.

Die derzeitige, länger andauernde und zunehmend globale Debatte nahm ihren Ausgang in Europa in den 1980er Jahren. Das Interesse am Grundeinkommen entstand mehr oder weniger gleichzeitig in mehreren Ländern und mündete in der Gründung eines Netzwerkes (BIEN), das jetzt nationale Ableger auf allen Kontinenten hat. Doch diesmal steht die sozialdemokratische Linke nicht gerade in der vordersten Reihe, weit weniger als beispielsweise die Grünen oder einige Teile der liberalen Rechten und der radikalen Linken.

Was hat das Grundeinkommen, das bei Sozialdemokraten Misstrauen hervorruft, und was hat es, das Begeisterung auslösen sollte? Um solche Fragen zu beantworten ist es wichtig zu klären, was ein Grundeinkommen ist und was es nicht ist.

Über die bestehenden Systeme sozialer Hilfeleistungen kann man sagen, dass sie in dreierlei Hinsicht bedingungslos sind: Die Leistungen werden erstens in Geld ausbezahlt. Sie sind zweitens nicht an die vorherige Zahlung von Sozialversicherungsbeiträgen geknüpft. Und sie sind drittens nicht auf die Staatsbürger des betreffenden Landes beschränkt.

Die Bedingungslosigkeit des Grundeinkommens hat drei weitere Dimensionen. Es ist erstens individuell, das heißt unabhängig von der Haushaltssituation der Begünstigten. Es ist zweitens allgemein, das heißt nicht abhängig von der Höhe des Einkommens aus anderen Quellen. Und es ist drittens frei von Verpflichtungen, das heißt nicht auf diejenigen beschränkt, die arbeiten oder bereit sind zu arbeiten.

Ist es nicht absurd, ein solches Grundeinkommen allen zu zahlen, einschließlich der Reichen? Es ist nicht absurd. Das Fehlen einer Einkommensprüfung ist nicht besser für die Reichen. Es ist besser für die Armen. Es stimmt, die Reichen brauchen kein Grundeinkommen, genauso wenig wie sie es nötig haben, dass die untersten Schichten ihrer Einkommen nicht oder zu günstigen Tarifen besteuert werden, wie es unter den aktuellen Einkommensteuersystemen der Fall ist. Spitzenverdiener werden selbstverständlich nicht nur ihr eigenes Grundeinkommen finanzieren, sondern auch einen Teil der Grundeinkommen, die anderen ausbezahlt werden. Ein Grundeinkommen, das automatisch und unabhängig vom jeweiligen Einkommen an alle ausbezahlt wird, hat den großen Vorteil, dass es die Armen weit effektiver erreicht als an Bedingungen geknüpfte Leistungen – und noch dazu nicht zu Stigmatisierung führt. Ein weiterer Vorteil ist, dass das Grundeinkommen armen Menschen einen sicheren Boden bietet, auf dem sie stehen können, weil es mit weiteren Einkommen kombiniert werden kann – anders als ein Netz, in dem sie sich leicht verfangen können, weil es zurückgezogen wird, sobald sie beginnen Geld zu verdienen.

Ist es nicht inakzeptabel, das Recht auf Arbeit durch ein Recht auf ein Einkommen zu ersetzen? Ein Grundeinkommen tut nichts dergleichen. Im Gegenteil. Es ermöglicht eine flexible, kluge Form der Arbeitsplatzteilung. Es macht es einfacher für Menschen, die zu viel arbeiten, ihre Arbeitszeit zu reduzieren oder eine berufliche Auszeit zu nehmen. Das ermöglicht Erwerbsarbeitslosen, Beschäftigung anzunehmen, die dadurch frei wird. Das wird leichter, da sie nun auf Teilzeitbasis arbeiten können, weil das zusätzliche Einkommen zu ihrem Grundeinkommen hinzukommt. Und die feste Basis, die das Grundeinkommen bereitstellt, ermöglicht einen flexibleren Wechsel zwischen Beschäftigung, Ausbildung und Familie. Dadurch sollte die Anzahl von Burnouts und vorzeitigen Pensionsantritten zurückgehen, sodass Menschen die Beschäftigung über einen längeren Zeitraum ihres Lebens ausweiten können. Wie Sozialdemokraten zurecht betonen, lässt sich die Bedeutung des Zugangs zu bezahlter Arbeit nicht auf das Einkommen reduzieren. Die Befürworter eines Grundeinkommens, das nicht an Arbeit geknüpft ist, brauchen dies nicht zu leugnen. Es wird sogar von denjenigen unter ihnen für selbstverständlich gehalten, die überzeugt sind, dass auch ein großzügiges bedingungsloses Grundeinkommen nachhaltig sein würde: Trotz höherer Besteuerung und einer bequemeren Option nicht zu arbeiten, gehen sie davon aus, dass die Menschen genau deshalb weiter arbeiten werden, weil Arbeit für sie weit mehr bedeutet als nur ein Einkommen zu erhalten.

Bedroht die Einführung eines Grundeinkommens nicht die Existenz unserer Wohlfahrtsstaaten? Im Gegenteil, es führt zu deren Rettung! Selbstverständlich ist ein Grundeinkommen keineswegs eine Alternative zu einem öffentlich finanzierten Bildungs- und Gesundheitswesen. Auch soll es kein kompletter Ersatz für einkommensbezogene Sozialversicherungsleistungen sein, die durch die Beiträge der Arbeitnehmer finanziert werden. Da jedoch jedes Haushaltsmitglied ein Grundeinkommen bekommt, können die Höhe dieser Geldleistungen und die notwendige Finanzierung entsprechend gesenkt und die Leistungen individualisiert und vereinfacht werden. Dadurch werden auch die problematischen Fallen entschärft, die mit den Bedingungen einhergehen. Selbst auf längere Sicht können wir auch nicht davon ausgehen, dass soziale Hilfsleistungen vollständig verschwinden. Weil es sowohl individuell als auch allgmein ist, wird ein Grundeinkommen in vernünftiger Höhe nicht dazu führen, dass wir auf bedürftigkeitsgeprüfte Aufstockungen für Menschen in bestimmten Situationen verzichten werden. Aber auch hier werden viele problematische Fallen reduziert, wenn durch die bedingungslose Basis die Zahl der Menschen schrumpft, die von den an Bedingungen geknüpften Leistungen abhängig sind. Dadurch wird die wichtige Aufgabe der Sozialarbeiter erleichtert. Eine bedingungslose Basis unter dem bestehenden Sozialstaat einzuführen, wird diesen also nicht demontieren, sondern unsere so nachjustierten Sozialversicherungs- und Sozialhilfesysteme stärken.

Dennoch stimmt es, dass ein Grundeinkommen als Modell der sozialen Absicherung sich grundlegend von den bestehenden Modellen unterscheidet. Folglich kann man erwarten, dass Menschen, die am engsten in die bereits bestehenden Systeme eingebunden sind, sich herausgefordert fühlen und der Veränderung ablehnend entgegentreten. Das war auch der Fall, als im frühen 16. Jahrhundert die kommunale öffentliche Fürsorge das Monopol der von der Kirche organisierten Wohltätigkeit infrage stellte und als im späten 19. Jahrhundert staatlich organisierte Pensions- und Krankenversicherungssysteme die Position der Institutionen der Armenfürsorge herausforderte. Es ist nicht weithergeholt zu vermuten, dass der Mangel an Begeisterung für das Grundeinkommen unter Sozialdemokraten und in Arbeiterorganisationen etwas mit der wichtigen Rolle zu tun hat, die diese bei der Einführung, Entwicklung und Verwaltung der Sozialversicherungssysteme spielten, die jetzt den Hauptteil der meisten unserer Wohlfahrtsstaaten bilden.

Dieser Widerstand ist durchaus verständlich, ja lobenswert. Unsere sozialversicherungsbasierten Wohlfahrtsstaaten leisten viel in Bezug auf soziale Gerechtigkeit und sind es daher wert, verteidigt zu werden. Aber das entbindet Sozialdemokraten nicht davon, die eigene Doktrin dringend zu aktualisieren, um die Anforderungen unseres Jahrhunderts besser angehen zu können: ein Jahrhundert, in dem sowohl die Erwünschtheit als auch die Möglichkeit von unbegrenztem Wachstum die Selbstverständlichkeit verloren hat, auf die Sozialdemokraten im vorigen Jahrhundert setzten; ein Jahrhundert, in dem lebenslange Vollzeitlohnarbeit nur für eine Minderheit möglich und wünschenswert sein wird; ein Jahrhundert, in dem die Linke das Thema der Freiheit nicht der Rechten überlassen darf.

In Bezug auf soziale Sicherung erfordert dies Raum für ein drittes Modell, das sich sowohl vom Modell sozialer Unterstützung (öffentliche Wohltätigkeit) als auch vom Sozialversicherungsmodell (Arbeitersolidarität) unterscheidet, mit dem die Sozialdemokratie eng verbunden war und das sie sich zu verteidigen verpflichtet fühlt. Um in der Lage zu sein, gegenwärtigen Herausforderungen zu begegnen, muss sich die Linke vom «Laborismus» zum «Sozialismus» bewegen, um sich von einer Illusion zu befreien, die seit der Theorie der Ausbeutung von Marx häufig im Mittelpunkt linken Denkens stand. Es gilt vollständig anzuerkennen, dass der Großteil unserer Realeinkommen nicht die Frucht des Einsatzes der heutigen Arbeiter ist (geschweige denn auf die Enthaltsamkeit der heutigen Kapitalisten zurückgeht), sondern ein Geschenk der Natur, zunehmend verbunden mit aus der Vergangenheit ererbter Kapitalakkumulation, technologischen Innovationen und institutionellen Verbesserungen.

Aus der Perspektive des «Laborismus» ist die gegenwärtige Generation der Arbeiter moralisch berechtigt, das Geschenk im Verhältnis zum Marktwert ihrer Fähigkeiten, zur Länge ihrer Arbeitszeit und zu ihrer Verhandlungsmacht in Anspruch zu nehmen – entweder direkt in Form von Lohn oder indirekt in Form von sozialen Leistungen, auf die sie durch ihre Arbeit anspruchsberechtigt sind. Aus einer wirklich «sozialistischen» Perspektive haben alle Mitglieder der Gesellschaft gleichermaßen Anspruch auf dieses Geschenk, egal ob männlich oder weiblich und unabhängig vom Umfang ihrer Beteiligung an gut geschützter Vollzeitbeschäftigung und an bezahlter Arbeit im Allgemeinen.

Diese egalitäre, emanzipatorische, weniger männlich-voreingenommene Perspektive spricht stark für ein bedingungsloses Grundeinkommen. Es ist nichts, wovor Linke sich fürchten müssen. Es ist etwas, das sie mit Begeisterung annehmen sollten! Gibt es einen Hinweis darauf, dass sie das tun? Hier ist einer: Andy Stern war bis vor kurzem Präsident der Service Employees International Union (SEIU), mit fast zwei Millionen Mitgliedern eine der größten Gewerkschaften der Vereinigten Staaten. Sein neues Buch *Raising the Floor* behandelt genau ein großes Zukunftsthema: das bedingungslose Grundeinkommen.

# Gute Arbeit

*Von Sahra Wagenknecht*

Unsere Wirtschaft wächst, wenn mehr Güter und Dienste produziert und anschließend verkauft werden. Mehr können wir produzieren, wenn entweder mehr Menschen arbeiten – also die Arbeitslosigkeit sinkt oder die Bevölkerung wächst –, wenn die gleichen Menschen länger arbeiten oder wenn wir dank neuer Technologien mehr in der gleichen Zeit herstellen. Schon daran sieht man, dass Wachstum kein Selbstzweck sein kann. So wünschenswert eine sinkende Arbeitslosigkeit ist, so wenig erstrebenswert sind längere Arbeitszeiten derer, die bereits einen Vollzeitjob haben. Auch in der gleichen Zeit immer mehr von der gleichen Sache zu produzieren macht unser Leben nicht unbedingt besser. Der Bedarf an Gütern ist endlich, irgendwann ist er gedeckt. Kapitalistisch verfasste Unternehmen haben natürlich immer ein Interesse am Mehr, weil das ihr Wachstum sichert. Aber unser Wohlstand erhöht sich dadurch nicht unbedingt.

Tatsächlich ist es die Entstehung von Neuem – neuer Produkte und neuartiger Dienstleistungen, die unser Leben verbessern und im besten Fall zusätzlich Ressourcen schonen –, die echtes Wachstum schon immer ausgemacht hat. Deshalb ist pauschale Wachstumskritik genauso falsch wie die Vorstellung, unser höchstes wirtschaftliches Ziel bestünde darin, immer mehr von dem zu produzieren, was wir bereits haben. Der Sinn arbeitssparender Technologien ist nicht, mehr von demselben Produkt herzustellen, also etwa jedes Jahr mit der gleichen Belegschaft mehr Autos oder mehr Kühlschränke. Das macht zwar eine arme Gesellschaft reicher, aber eine wohlhabende, in der jeder seinen Kühlschrank und auch viele ein Auto haben, kann dadurch nicht mehr viel gewinnen. Der wohlstandsfördernde Effekt des arbeitssparenden Fortschritts ist, dass die Gesellschaft freie Zeit für anderes bekommt: für andere Erzeugnisse, die unser Leben verschönern, für neue Dienstleistungen, die es erleichtern, oder dafür, dass man sich in anderen Bereichen arbeitsintensivere Technologien leisten kann, die nachhaltiger, umweltverträglicher oder einfach menschenfreundlicher sind. Und nicht zu vergessen: arbeitssparender Fortschritt schafft Raum für Freizeit, in der jeder tun kann, was er will.

Ältere Kulturen sind mit dem Lebenszeitgewinn arbeitssparender Neuerungen viel sorgsamer umgegangen. Die Einführung der Stahlaxt bei einer Gruppe australischer Ureinwohner namens Yir Yoront führte nicht etwa zu einer ausgedehnteren Produktion, sondern zu längeren Schlafperioden. In Büchern, die die Segnungen von Wachstum und Kapitalismus beschreiben, wird dieses Beispiel manchmal als besondere Kuriosität angeführt: Schaut, was diese Leute doch für Idioten waren, schlafen einfach, statt ihre Wirtschaftsleistung zu erhöhen! Was spricht eigentlich gegen mehr Schlaf? Viele Menschen, die heute mit Zwölf- oder Vierzehn-Stunden-Arbeitstagen durchs Leben hasten, würden sich mehr Ruhe wahrscheinlich wünschen. Zumal man gewonnene Freizeit natürlich auch nicht verschlafen muss. Wenn es stimmt, dass der Mensch ein soziales Wesen ist, bedeutet zusätzliche Zeit, die wir mit unseren Lieben verbringen können, vermutlich einen größeren Zugewinn an Lebensqualität als ein schnelleres und komfortableres Auto.

Im Allgemeinen äußert sich wachsender Wohlstand nicht darin, dass wir mehr vom Gleichen konsumieren, sondern dass wir uns Dinge leisten können, die vorher nicht in unserem Konsumkorb waren. Nehmen wir ein Beispiel: Ein Sternerestaurant ist eine ziemlich arbeitsintensive und daher auch teure Sache. Je weniger Zeit eine Gesellschaft dafür braucht, all die Dinge zu produzieren, die zur Basisausstattung eines modernen Lebens gehören, desto mehr Sternerestaurants kann sie sich leisten. Oder anders ausgedrückt: desto mehr Leute können sich den Besuch in einem solchen Restaurant leisten. Eigentlich. Das gilt aber natürlich nur, wenn der technische Fortschritt allen zugutekommt, was unter kapitalistischen Bedingungen eher unwahrscheinlich ist.

Wird die arbeitssparende Innovation nicht durch quantitatives Wachstum wettgemacht, also mehr Autos oder mehr Kühlschränke, bedeutet sie für die betroffenen Beschäftigten oft den Verlust ihres Arbeitsplatzes und unter Umständen auch die Entwertung ihrer Qualifikation. Finden sie keinen neuen Job zu einem ähnlichen Gehalt, werden sie schlechter leben als vorher und nicht besser, der technologische Fortschritt macht sie persönlich also nicht reicher, sondern ärmer. Deshalb haben sich Arbeiter schon in den Anfangszeiten des Kapitalismus gegen die Maschinen gewandt, und bis heute hält sich die Denkweise, eine Produktion sei umso besser, je mehr Arbeit sie erfordert, und nicht, je weniger.

Manchmal wurde von Gewerkschaften oder Staaten sogar

darauf hingewirkt, technisch längst überflüssige Tätigkeiten künstlich aufrechtzuerhalten, um den betroffenen Arbeitnehmern ein Auskommen zu sichern. Der Klassiker ist der Heizer, der in der britischen Eisenbahn auch noch mitfahren durfte, als die Dampflokomotiven durch Elektroloks ersetzt wurden. Margaret Thatcher machte dem ein Ende, nachdem sie die Gewerkschaften entmachtet hatte. Unter technischen Aspekten hatte sie recht, sozial dagegen war ihre Entscheidung brutal, da die ehemaligen Heizer nahezu keine Chance hatten, in ihrem Leben noch einen auskömmlich bezahlten Job zu finden.

Aus berechtigtem Misstrauen gegenüber dem Umgang des Kapitalismus mit arbeitssparenden Technologien wird heute auch die digitale Revolution eher als Wohlstandsbedrohung denn als Chance empfunden. Zwei Oxford-Wissenschaftler haben kürzlich mit einer Studie für Unruhe gesorgt, in der sie die These vertreten, dass bis zum Jahr 2033 in den USA 47 Prozent aller Arbeitsplätze durch Automatisierung und Computer überflüssig werden. Auch wenn sie die Entwicklung wahrscheinlich überzeichnen, der Trend, den sie beschreiben, ist real. Es scheint absehbar, dass das Taxigewerbe irgendwann von selbstfahrenden Autos abgelöst wird und auch S-Bahnen, U-Bahnen und Busse niemanden mehr im Fahrerhäuschen brauchen. Wahrscheinlich werden manche den gesprächsfreudigen Taxifahrer vermissen und im öffentlichen Nahverkehr wird man sich ohne Personal nicht unbedingt sicherer fühlen. Aber vielleicht gewöhnen wir uns daran. Nicht unwahrscheinlich ist auch, dass irgendwann programmierte kleine Drohnen den Päckchenzusteller ersetzen und wir im Supermarkt mit dem Einkaufswagen einfach durch eine elektronische Schranke fahren, die alle Waren automatisch scannt und uns die Summe anzeigt, die wir zu bezahlen haben. Werden die früheren Kassierer, Postzusteller, Taxi- und Busfahrer umgeschult und finden woanders zu mindestens gleichem Gehalt eine Perspektive, werden sie die alte Arbeit kaum vermissen. Wer wünscht sich nicht, seine Zeit mit kreativeren und anspruchsvolleren Tätigkeiten zu verbringen.

Die Aussicht auf den mit der Digitalisierung einhergehenden Zugewinn an Produktivität könnte uns also freuen, denn er könnte unser Leben von Mühsal und Stress befreien und uns Freiräume für interessantere Arbeiten eröffnen. Das Problem ist nur: Im Rahmen der heutigen ökonomischen Strukturen und Machtverhältnisse wird er das nicht tun. Denn solange nicht gutes Leben, sondern höchstmögliche Rendite der Maßstab unseres Wirtschaftens ist, bedeutet eine großflächige Ersetzung von Arbeit durch Kapital vor allem zerstörte soziale Existenzen und eine weitere Machtverschiebung zum Vorteil der Kapitaleigentümer. Werden aus ehemaligen Postzustellern und Taxifahrern ebenso wie aus früheren Bergarbeitern und Stahlkochern verzweifelte Langzeitarbeitslose, die keinen beruflichen Wiedereinstieg finden, dann wird die Gesellschaft durch die digitalen Technologien nicht reicher, sondern ärmer. Es sind also die Strukturen der kapitalistischen Wirtschaft selbst, die uns daran hindern, den technologischen Fortschritt zu unser aller Wohl zu nutzen.

In einer vernünftigen Wirtschaft würde die Anwendung arbeitssparender Technologien in den Branchen, in denen sie sinnvoll einsetzbar sind, den Freiraum schaffen, unsere

Arbeit auf andere Bereiche zu konzentrieren: beispielsweise auf Gesundheit und Pflege, die Kinderbetreuung oder auch die Schulen und Universitäten. Aber das funktioniert nur, wenn die Gewinne aus steigender Produktivität nicht allein den Branchen zugutekommen, in denen sie anfallen. Warum ist es uns heute wichtiger, Spitzenautos zu produzieren, als eine gute frühkindliche Bildung und eine vorbildliche Seniorenpflege zu gewährleisten? Weil sich mit Spitzenautos hohe Gewinne erwirtschaften lassen, von denen auch die Beschäftigten – zumindest ein großer Teil von ihnen – profitieren. Für Tätigkeiten hingegen, die kein Roboter produktiver machen kann (oder zumindest nicht sollte) – die Erzieherin, die mit unseren Kindern spielt, die Grundschullehrerin, die ihnen erste Bildung vermittelt, oder der Pfleger, der unsere kranken oder alten Angehörigen umsorgt –, werden teilweise unwürdig niedrige Gehälter gezahlt.

In einer Gesellschaft, in der Ansehen und Respekt sich wesentlich über das Geld definieren, heißt das: Wer Autos baut oder Maschinen wartet, genießt ein höheres gesellschaftliches Ansehen als jemand, der sein Einkommen damit verdient, sich liebevoll um andere Menschen zu kümmern. Solange das so bleibt, sollten wir uns nicht wundern, dass wesentlich mehr gesellschaftliche Kreativität auf die Frage konzentriert wird, die Leistung und Ausstattung unserer Sportwagen zu verbessern, als auf die, wie man Kindern eine schöne Kindheit und Senioren ein würdiges Alter ermöglicht. Die Frage ist: Wollen wir das? Sind das wirklich unsere Prioritäten? Wir sollten es nicht der kommerziellen Wirtschaft überlassen, diese Frage für uns zu entscheiden.

Selbst in der Fertigungsbranche ist nicht jede Arbeitsersparnis ein Fortschritt. Das Renditemotiv ist nämlich auch ein starker Anreiz, Technologien zu bevorzugen, die die Arbeit entprofessionalisieren. Handwerkerarbeit, die spezielle Fertigkeiten voraussetzt, oder andere qualifizierte Facharbeit wird, soweit es möglich ist, durch Tätigkeiten ersetzt, für die es kaum einer Qualifikation bedarf. Auch das rechnet sich, weil unqualifizierte Arbeit eben billiger zu haben ist. Solange der Preis für Arbeit wie der von Kartoffeln oder Autos auf einem Markt bestimmt wird, ist er umso niedriger, je mehr Konkurrenz es um einen bestimmten Arbeitsplatz gibt. Und bei einfachen Arbeiten, die im Prinzip jeder machen kann, ist die Konkurrenz natürlich viel größer als bei solchen, die besondere Fähigkeiten und eine spezielle Ausbildung voraussetzen.

Der Kapitalismus hat in einer immer größeren Zahl von Branchen handwerkliche Qualitätsproduktion durch industrielle Massenfertigung ersetzt und so Wissen und Fertigkeiten entwertet. Das funktionierte in vielen Bereichen ohne Qualitätsverlust und kann ein Fortschritt sein. Die Spinning Jenny, die erste industrielle Spinnmaschine, hat das mühsam erworbene handwerkliche Geschick der Weber von einem Tag zum nächsten wertlos gemacht. Dennoch würde wohl niemand die These vertreten, die Menschheit hätte besser beim Spinnrad bleiben sollen. Außerdem sind mit den neuen Technologien natürlich auch neue qualifizierte Arbeitsplätze entstanden – Ingenieure gab es früher nicht und vor dem digitalen Zeitalter auch keine Informatiker. Aber es gibt Bereiche, da funktioniert die Mechanisierung nur um den Preis des Qualitätsverlusts, und die Entprofessionalisierung ist ein klarer Rückschritt.

Die billigste Art, Wohnraum herzustellen, ist beispielsweise das Hochhaus aus standardisierten Betonplatten, und die billigste Art, sich einzurichten, ist der Einkauf von Pappschränken, die man selber zusammenhämmern muss. Trotzdem würden wohl die meisten lieber in einem stilvollen Alt- oder Neubau mit hohen Decken, wenigen Wohneinheiten und eleganten Holzmöbeln leben. Es gibt immer wieder Zeiten, in denen es wichtig ist, möglichst schnell möglichst viele Wohnungen zu bauen, weil Menschen, die frieren, eben ein Dach über dem Kopf brauchen. Aber das gilt in Zeiten der Not, und nur dann. Ansonsten haben wir hier den gleichen Zusammenhang wie bei den Sternerestaurants: Je mehr wir das ohne Qualitätsverlust Standardisierbare den Automaten überlassen, desto mehr Zeit hätte die Gesellschaft eigentlich, um wirklich schöne Wohnungen nicht nur für Besserverdienende zu bauen und anständige Möbel auch für die normale Brieftasche zu zimmern – also, kurz: um mehr Arbeit dort zu investieren, wo wir gut ausgebildetes und qualifiziertes Personal brauchen.

Sie mögen jetzt sagen: Es soll doch jeder kaufen, was er will. Niemand ist gezwungen, zu den Billiganbietern zu gehen. Es gibt zu jedem Billigprodukt auch eine Premiumversion. Jedem steht es frei, sich sein Bücherregal vom qualifizierten Schreiner passgenau an die Wand bauen zu lassen. Nun ja, jedem, der es sich leisten kann. Dass es sich viele trotz der Produktivitätsgewinne der letzten Jahrzehnte nicht leisten können, ist aber eben auch Ergebnis der Machtverschiebung zwischen Arbeitenden und Kapitaleigentümern, die die Löhne unter Druck gesetzt hat. Beispielsweise gehörte zur Möbelherstellung früher ganz selbstverständlich der Arbeitsschritt, dass der Schreibtisch oder Schrank zusammengebaut wurde. Heute bekommt der Normalverbraucher bei den meisten Anbietern Kisten voller Einzelteile geliefert, aus denen er sich dann in seiner Freizeit, schwitzend und fluchend, selbst ein brauchbares Möbelstück zusammenbauen muss. Nur noch dem, der einen kräftigen Aufpreis zahlt oder in sehr teuren Geschäften kauft, wird diese Arbeit abgenommen. Während es also früher auch für den Durchschnittsverdiener eine Normalität war, Möbel, Haushaltsgeräte oder was auch immer im Zustand ihrer Fertigstellung zu erwerben, ist es heute ein Luxus, den man sich leisten können muss. Die unsägliche Ikea-Kultur hat einen Teil der Arbeit vom Unternehmensbereich in die privaten Haushalte zurückverlagert, also von Fachleuten zu freiwilligen oder eher unfreiwilligen Hobbybastlern. Die, die diese Arbeit früher professionell verrichtet haben, hatten damit keine gefragte Qualifikation mehr und ihre Jobs wurden wegrationalisiert.

Der amerikanische Wirtschaftsnobelpreisträger Paul Samuelson beschreibt den Effekt der Globalisierung, also der Verlagerung von Arbeit in Billiglohnländer, für unseren Wohlstand so: «Dass wir im Supermarkt manche Dinge 20 Prozent billiger bekommen, reicht nicht notwendigerweise aus, um die Lohneinbußen wettzumachen, die eingetreten sind, weil diese Dinge jetzt in China produziert werden.» Bei der Verlagerung von Produktion muss sich nicht unbedingt die Qualität der Produkte verschlechtern, die Arbeit wird nur woanders erledigt. Aber selbst wenn es zu Qualitätsverlusten kommt, weil die, die in den betroffenen Branchen früher ihren Arbeitsplatz hatten, heute weniger verdienen oder gar keinen neuen Job finden konnten, erhöht sich auf jeden Fall die Nachfrage nach solchen Billigprodukten. Ein sich selbst verstärkender Prozess.

Nach der gleichen Logik können bestimmte Facharbeiterjobs mittels neuer Technologien auch ersatzlos oder durch Billiglohnjobs im eigenen Land vernichtet werden. Auch in diesem Fall kommt es nicht unbedingt, aber doch mit hoher Wahrscheinlichkeit zu sinkender Qualität. Findet eine solche Entwicklung jedoch in vielen Branchen gleichzeitig statt, sind es letztlich die Einkommensverluste durch Entwertung von Fachwissen und Professionalität, die selbst dazu beitragen, dass die neuen Billigerzeugnisse trotz schlechterer Qualität Nachfrage finden. Denn je mehr Facharbeiter ihren Job verlieren und je stärker dadurch die Zahl der gut bezahlten Jobs zurückgeht, desto mehr Probleme haben die verbliebenen Qualitätsanbieter, ihre Produkte zu verkaufen. Am Ende wird auf diese Weise nicht nur individueller Wohlstand vernichtet, es sinkt auch die Fähigkeit der Wirtschaft zur Herstellung hochwertiger Produkte. In der Konsequenz werden Dinge, die sich früher viele leisten konnten, wieder zu einem Luxus weniger.

Nicht überall also ist Arbeitsersparnis ein erstrebenswertes Ziel. Gerade im Falle qualifizierter Facharbeit sollte man immer genau hinsehen, ehe man eine Innovation bejubelt, die vorgibt, solche Arbeit durch einen Automaten zu ersetzen. In besonderer Weise gilt das für jene apokalyptischen Schreckensvisionen, die uns aus den lichtdurchfluteten Büros des Silicon Valley als erstrebenswerte Zukunft verkauft werden. Im Kern laufen sie auf die These vom generellen Ende professioneller Arbeit hinaus. In Zukunft, so lautet die frohe Botschaft – denn auf diese Zukunft sollen wir uns tatsächlich freuen! –, kann jeder alles machen, weil sowieso niemand mehr irgendetwas richtig kann, denn fürs Können wird ja keiner mehr bezahlt. Das einzig Professionelle, was dann noch bleibt, sind die Software und die Algorithmen, die den endlosen Strom von Big Data auswerten und uns unsere Entscheidungen abnehmen.

Wofür noch ein Bankberater, der Algorithmus weiß doch viel mehr über uns und kann auf seine undurchschaubare Weise, Gottesurteilen gleich, darüber richten, ob wir kreditwürdig sind oder nicht. Wofür noch Journalismus, der Algorithmus filtert aus Millionen News die meistgeklickten und stellt sie schön sortiert und übersichtlich dar. Die Artikel muss trotzdem zunächst einmal jemand geschrieben und ins Netz gestellt haben? Kein Problem, es gibt doch genug Leute, die irgendwelche Sachen ins Netz stellen, sie sollen nur nicht erwarten, dass sie einer dafür entlohnt. Wofür noch ein *Guide Michelin*, das Internet ist voll von Nutzerbewertungen, und jeder, der einmal den Fehler gemacht hat, über einen digitalen Anbieter eine Online-Reservierung eines Restaurants vorzunehmen, wird terrorisiert, bis er seine Bewertung abgegeben hat. Wozu noch ein Brockhaus, wir haben doch Wikipedia mit seinen zahllosen unbezahlten Mitarbeitern. Und warum soll die Krankenversicherung die Konsultation professioneller Ärzte bei kleineren Beschwerden noch zahlen, wir haben doch so viele Gesundheitsblogs im Netz, auf denen man seine Wehwehchen eingeben und von der Netzgemeinde viele gutgemeinte Ratschläge zu ihrer Behandlung bekommen kann.

Um nicht missverstanden zu werden: Es geht nicht um die Abwertung all der zuweilen sehr qualifizierten Beiträge, die

Menschen ins Netz stellen, ohne dafür irgendeine Kompensation zu verlangen. Es geht nicht darum, dass Wikipedia in vielen Fragen eine hervorragende Hilfe ist und sehr viel aktueller sein kann als jede in Buchform vorliegende Lexikonedition. Es gibt sehr informative Blogs, die unentgeltlich geschrieben werden. Und es sei auch nicht bestritten, dass Restaurant- oder Hotelbewertungen durch ehemalige Gäste dabei helfen können, einen missglückten Abend oder verdorbenen Urlaub zu vermeiden. Es geht darum, dass solche Angebote die professionellen nicht ersetzen können. Und wenn Letztere keine Chance mehr haben, sich zu finanzieren, dann werden sie verschwinden. Das allerdings ist kein Fortschritt, sondern ein großer Verlust.

Im Zentrum der Debatte um die künftige Entbehrlichkeit von Professionalität stehen die möglichen Potenziale des 3D-Drucks, dem die kühnsten Freunde der digitalen Ökonomie zutrauen, in Zukunft die Fertigung unserer gesamten Konsumwelt von der Fabrik ins traute Heim zurückzuverlagern. Als Herr über einen solchen Drucker und die entsprechende Software soll in Zukunft jeder sein individuelles und auf die eigenen Wünsche abgestimmtes Haus, Auto und Sofa konstruieren und produzieren.

Tatsächlich kommen solche Drucker schon heute in bestimmten Bereichen zum Einsatz, und es spricht einiges dafür, dass sie in Zukunft tatsächlich dazu beitragen, die automatische Fertigung stärker zu individualisieren und spezielle Kundenwünsche einzubauen. Dass allerdings Produkte wie Autos, die mit hoch spezialisiertem Fachwissen und qualifizierter Facharbeit entwickelt und gebaut werden, in Zukunft von einem Hobbybastler aus dem 3D-Drucker gezaubert werden könnten, ist eine abwegige Vorstellung. Nicht abwegig ist aber, dass selbst in diesem Bereich Superbilligprodukte in Zukunft die Qualitätsarbeit verdrängen könnten. Fahrbare Kästen, die aussehen wie ein aufgeblasenes Kinderspielzeug, könnten solche Drucker vielleicht irgendwann tatsächlich ausspucken. Sollten solche Ungetüme einst unser Straßenbild bestimmen und nur noch ab und an zwischen ihnen ein elegantes Automobil mit echter Hochtechnologie und allen Finessen moderner Sicherheitstechnik unter der Haube auftauchen, können wir uns sicher sein: Es liegt nicht daran, dass die Mehrheit den Google Car plötzlich schicker oder bequemer findet als einen Audi oder Citroën.

Es gibt also sinnvolle Einsatzgebiete des 3D-Drucks, die zweifellos zunehmen werden, und es gibt digitale Gruselvisionen, die letztlich auf eine Übertragung der Ikea-Kultur auf alle Lebensbereiche hinauslaufen. Weshalb sollte ein Chirurg, der das Händchen dafür hat, hervorragende Knieoperationen durchzuführen, in Zukunft auch noch seine Gebrauchsgüter an irgendeinem blöden Drucker programmieren? Das ist genauso absurd wie die Zumutung, dass ein Doktorand, der dem Geheimnis eines seit langem gesuchten mathematischen Beweises auf der Spur ist, die Regale, in denen seine Fachbücher stehen, selbst zusammenhämmern muss. Arbeitsteilung, Spezialisierung und Professionalisierung sind die Grundlage der Wohlstandsgewinne der Menschheit in den letzten Jahrhunderten. Die Nivellierung von Professionalität ist ganz sicher kein Zugewinn an Freiheit und Lebensqualität, sondern ein Rückschritt. Es sollte den Anhängern des bedingungslosen Grundeinkommens zu denken geben, dass auch ihr Konzept aus solchen Denkschulen stammt. Wenn Können nichts mehr zählt und man mit seinen besonderen Fähigkeiten und Qualifikationen kein Geld mehr verdienen kann, muss man natürlich trotzdem irgendwie überleben. Aber eine solche Zukunft ist nicht unausweichlich, und wir sollten alles dafür tun, sie zu verhindern.

Wenn solche Visionen bloße Spinnereien wären, könnten wir sie mit Schweigen übergehen. Das Schlimme ist aber: Sie beschreiben einen realen Trend. Die Entprofessionalisierung der US-Ökonomie ist bereits weit fortgeschritten. Neben der digitalen Ökonomie und der Finanzwirtschaft boomt aktuell eigentlich nur noch die Rüstungsproduktion. In Europa ist es noch nicht ganz so weit, in Deutschland wird statt über Entprofessionalisierung über Facharbeitermangel geredet. Aber man sollte sich nicht täuschen lassen: Anders, als das Gerede uns weismachen will, haben derzeit in Deutschland über zwei Millionen Facharbeiter und weitere 280.000 Akademiker lediglich einen Minijob, sind also faktisch arbeitslos. Und das, obwohl das Bildungssystem dafür sorgt, dass nur noch äußerst wenige Facharbeiter nachkommen. In anderen europäischen Ländern ist die Situation noch schlimmer. Es ist also gar nicht so unwahrscheinlich, dass die Zukunftsentwürfe des Silicon Valley wahr werden, denn sie liegen im Trend des heutigen Finanz- und Informationskapitalismus. Die Idee einer Wirtschaft, in der die meisten Menschen keine besondere Qualifikation mehr haben, würde nicht allein bedeuten, dass wir viel von unserem materiellen Wohlstand verlieren. Viel schlimmer ist, dass der Mensch in einem solchen Umfeld einen wesentlichen Teil seiner Selbstachtung verliert.

Schon Aristoteles wusste, dass Menschen nicht einfach versorgt sein wollen, sondern dass sie ihre angeborenen oder erlernten Talente einsetzen möchten und dass sie mit ihrer Arbeit umso zufriedener sind, je herausfordernder oder komplizierter sie ist. Eben weil Menschen Menschen sind, möchten sie nicht nur satt, sondern auch anerkannt sein. Je anspruchsvoller eine Tätigkeit ist und je weniger andere Menschen sie ebenso gut erledigen könnten, desto größer ist in der Regel die Anerkennung. Daher ist die Überwindung der stupiden, langweiligen, anspruchslosen Berufe durch die Digitalisierung keine Katastrophe, sondern ein Fortschritt. Aber gerade wenn es immer weniger unqualifizierte Jobs gibt, wird es umso wichtiger, es jedem und jeder durch Bildung und Qualifizierung zu ermöglichen, die eigene Begabung so zu entwickeln, dass er oder sie irgendetwas auf besonders gute und professionelle Weise kann.

Es gibt übrigens einen empirischen Beweis dafür, dass nahezu jeder bei guter Ausbildung auch zu guten Leistungen auf einem bestimmten Gebiet fähig ist. Er besteht darin, dass aus den meisten Kindern vermögender Eltern etwas wird. Wer sich nicht zu der These versteigen will, dass der Reichtum der Eltern ein Indikator für die besondere Intelligenz der Kinder ist, der muss einräumen, dass die Absolventen teurer Privatschulen einer Zufallsauswahl entsprechen – es sind eben die Kinder, die zufällig in einem vermögenden Elternhaus geboren wurden. Natürlich gibt es unter ihnen hin und wieder auch komplette Nieten, aber sie sind erstaunlich selten. Zumal man berücksichtigen muss, dass jemand, der ein zwei- oder dreistelliges Millionenerbe in Aussicht hat, deutlich weniger motiviert ist, aus sich etwas zu machen, als ein junger Mensch, dessen künftiger Wohlstand ausschließlich von der eigenen Lebensleistung abhängt. Man kann also davon ausgehen, dass im Falle einer Spitzenausbildung für alle die Quote der Versager noch niedriger läge als bei den Abgängern der teuersten Privatschulen und Spitzeninternate.

Natürlich kann nicht jeder alles werden, wenn man ihn nur ordentlich ausbildet. Aus Einstein wäre wahrscheinlich kein guter Tenor und aus Luciano Pavarotti vielleicht ein schlechter Informatiker geworden. Auch dass der autistische Mathematiker und Spieltheoretiker John Forbes Nash sich als Regisseur romantischer Liebesfilme geeignet hätte, darf bezweifelt werden. Es geht nicht darum, dass jeder bei guter Ausbildung zu allem fähig wäre, sondern dass nahezu jeder irgendeine Begabung hat, die ihn in einem bestimmten Gebiet zu überdurchschnittlichen Leistungen befähigt. Einem guten Leben dürfte uns eine solche Perspektive jedenfalls wesentlich näherbringen als der Vorschlag, als ewige Dilettanten, ernährt von einem Grundeinkommen, ein folgenloses Dasein zu fristen. Das wäre zwar immer noch besser als die Drangsale von Hartz IV oder die täglichen Demütigungen in vielen Niedriglohnjobs heute, aber als Ideal taugt es nicht. Überzeugend wäre ein solches Konzept letztlich nur, wenn die Annahme stimmen würde, dass ein beträchtlicher Teil der Menschheit nicht qualifizierbar und zu professioneller Arbeit nicht fähig ist. Das aber ist nicht nur kein schönes Menschenbild, es ist vor allem ein falsches.

# Zeitenwende

*Von Harald Welzer*

In den 1970er und 1980er Jahren bildete die Arbeitszeitverkürzung die Kernforderung der Gewerkschaften in der Bundesrepublik. Arbeitszeitverkürzung bedeutet die Verteilung von Gewinnen aufgrund von Produktivitätssteigerungen auf der Ebene der Zeit anstatt der Entlohnung. Seinerzeit wurde aber mit einem gewissen Maß an politischer Kurzsichtigkeit Arbeitszeitverkürzung «bei vollem Lohnausgleich» gefordert. Immerhin langte das zur Einführung der 35-Stunden-Woche, die in der Folgezeit wieder sukzessive rückgebaut wurde – heute arbeiten Vollzeitbeschäftigte im Schnitt 40,7 Stunden die Woche. Es wäre höchste Zeit, Arbeitszeitverkürzung als Nachhaltigkeitsstrategie politisch zu diskutieren.

Neben der weiteren Verbreitung von Regionalgeldern, also lokal begrenzten Zahlungsmitteln, mit denen Eigenarbeit wechselseitig verrechnet werden kann, bildet ein bedingungsloses Grundeinkommen eine weitere Voraussetzung für eine Transformation des Zeitregimes. Anders als im gegenwärtigen System, das am Regelfall des Erwerbseinkommens orientiert ist und Ersatzleistungen für diejenigen vorsieht, die, aus welchem Grund auch immer, kein Einkommen erzielen, gibt es beim bedingungslosen Grundeinkommen keine Bezugsvoraussetzungen. Es steht jedem Mitglied der Gesellschaft in einer Höhe zu, die einem zivilisatorischen Mindeststandard entspricht.

Das Grundeinkommen muss also nicht höher sein als das heutige Hartz IV, steht aber jedem ohne Prüfungen und Auflagen zu, womit der komplette bürokratische Apparat ersatzlos entfallen könnte. Der hat seine Wurzeln übrigens in der Erziehungs- und Zuchtfunktion, die Arbeit und Disziplin mit dem Aufkommen des Industriesystems zugeschrieben wurden. Die Einführung von Arbeitshäusern als Zuchtinstitutionen und Erziehungsheimen für deviante Jugendliche diente der Einübung von Sekundärtugenden wie Pünktlichkeit, Fleiß, Ordnungsliebe; sie ist mit der Geschichte des Kapitalismus untrennbar verwoben. Die Kontrolle über die, die am Erwerbssystem nicht teilnehmen, und die Restriktionen, die die Ersatzleistungsbürokratie und ihre wilhelminische Sprache durchherrschen, gehen direkt auf diese Tradition zurück.

Mit dem bedingungslosen Grundeinkommen würde man diese frühmoderne Altlast endlich beseitigen. Die Entscheidung, auf welchem Existenzniveau wer leben möchte, bliebe jedem Einzelnen demütigungsfrei selbst überlassen. Die damit verbundenen strukturellen Einsparungen kompensieren die Mehrkosten, die durch die weit größere Zahl von Beziehern von Grundeinkommen entstehen. Im Übrigen lassen sich Steuerungen finden, ab welcher Einkommenshöhe das Grundeinkommen entfällt, etwa mittels einer negativen Einkommensteuer. Selbstverständlich kann man auf den Bezug freiwillig verzichten, wenn man meint, man habe auch so genug.

In jedem Fall würde das bedingungslose Grundeinkommen für diejenigen, die es möchten, einen ganz anderen Umgang mit Zeit erlauben und damit sukzessive auch eine andere normative Betrachtung der Zeitnutzung mit sich bringen. Gilt heute ausschließlich die Arbeitszeit als funktional sinnvoll verbrachte Zeit, würden in der nachhaltigen Moderne sowohl die mit Eigenarbeit verbrachte Zeiten als auch die des Nichtstuns gleich hoch bewertet werden können, da die Zeithoheit mehr auf die einzelne Person und ihre Bedürfnisse und Präferenzen verlagert würde. Durch andere Kombinatoriken ergäben sich ganz neue Mischungsverhältnisse von Arbeits- und Freizeit; tendenziell würde diese Trennung sogar verschwinden können. Zeit könnte dank des bedingungslosen Grundeinkommens in viel höherem Maße als in der expansiven Moderne zur eigenen Zeit werden.

# Ist der Mensch Mittel oder Zweck?

*Von Götz W. Werner*

Zum Jahresende stapeln sich die Grußkarten aus den Unternehmen: Man verzichte auf teure Geschenke und spende für einen guten Zweck, heißt es dort unisono, als sei ein teures Geschenk per se kein guter Zweck – und als ginge es den Rest des Jahres nicht auch darum, einem guten Zweck zu dienen. Genau das aber gerät schnell in Vergessenheit. Wozu arbeiten wir? Und welchem Zweck dient unser eifriges Treiben und Handeln? Allzu oft finden sich in den Zielvereinbarungen der Mitarbeiter nichts als schnöde Zahlen. Da ist von Umsatzsteigerung und Gewinn die Rede oder von Profitabilität und Return on Investment.

Unternehmen gelten als erfolgreich, wenn sie schnell wachsen oder hohe Gewinne abwerfen. Aber es ist ein Irrtum zu glauben, dass ein Unternehmen erfolgreich ist, weil es wächst. Den ersten *dm*-Markt eröffnete ich 1973 auf 180 Quadratmetern. Kein anderer *dm*-Markt hat je so viel Umsatz pro Quadratmeter und je so eine Rendite erzielt wie dieser erste Markt. Wer nur aufs Geld schielt, müsste sagen, dass es mit *dm* seither bergab ging. Zum Glück war ich als Unternehmer nie von der Einschätzung wild spekulierender Investoren abhängig; stattdessen habe ich geduldig versucht, mich mit den Menschen und der Welt vertraut zu machen.

Meine eigene Zuversicht und mein Zutrauen gegenüber anderen Menschen ist das, was dabei gedeiht und zählt. Hätten mir in jungen Jahren die Menschen, mit denen ich zu tun hatte, nicht etwas zugetraut, und hätte ich dieses Vertrauen nicht mit großer Gewissenhaftigkeit erwidert, ich wäre sehr schnell schuld am Ende meiner Unternehmung gewesen.

Als Unternehmer bin ich Schuldner und beständig auf der Suche nach Gläubigern – nach Kunden, die mir glauben und in meinem Unternehmen einkaufen; nach Mitarbeitern, die mir glauben, ihre Fähigkeiten und Lebenszeit einbringen und damit das Unternehmen zu ihrem eigenen machen; und nach Lieferanten, die uns glauben und unser Unternehmen zuverlässig beliefern. In einer arbeitsteiligen Gesellschaft glauben und vertrauen wir uns wechselseitig und stehen wechselseitig in der Schuld. Wenn wir morgens Brötchen holen, vertrauen wir darauf, dass der Bäcker schon lange vor uns aufgestanden ist und seine Arbeit bereits erledigt hat. Der Bäcker vertraut darauf, dass er nachts genug Mehl bekommt. Der Müller vertraut auf den Landwirt, dass er zuverlässig den Weizen liefert. Und dem Ofenbauer wird vertraut, dass er nicht nur den Kamin im Bauernhaus in Gang bringt, sondern auch den Ofen in der Backstube.

Wir alle müssen uns entscheiden, welche Rolle wir in diesem System einnehmen wollen und welche wir dem anderen zugestehen. In unserer globalisierten Welt leistet jeder etwas mit anderen für andere – ob Politiker für Bürger, Ärzte für ihre Patienten oder Eltern für ihre Kinder. Wenn man zusammenleben will, muss man den anderen verstehen. Dafür muss man wissen, wie er in die Welt schaut. Bevor man Initiative ergreift, muss man sich mit den Verhältnissen und den

Beteiligten vertraut machen. Bei jedem Zusammenkommen mit anderen für andere ist es heute wesentlich, die Belange seines Gegenübers wahrzunehmen, einander zu verstehen und wertzuschätzen. Wie hat George Bernard Shaw gesagt: «Der einzige Mensch, der sich vernünftig benimmt, ist mein Schneider. Er nimmt jedes Mal neu Maß, wenn er mich trifft, während alle anderen immer die alten Maßstäbe anlegen in der Meinung, sie passten auch heute noch.»

Indem wir uns für andere Menschen interessieren, beginnen wir Dinge zu machen, damit sie für andere Menschen einen Sinn ergeben – und zwar immer wieder aufs Neue. Ein Unternehmen ist erfolgreich, weil es sich verwandelt, weil es mit der Zeit geht, weil es sich entsprechend der Kundenbedürfnisse verändert. Wachstum ist die Folge gelungener Verwandlung. Jeder Mensch ist für die Folgen seiner Handlungen verantwortlich. So stellt sich die Sinnfrage: Warum und wozu mache ich etwas? Diese Frage muss man so beantworten, dass möglichst viele Menschen sich damit identifizieren können. Gläubiger findet man, indem man etwas unternimmt, was für sie sinnvoll ist.

Gerade in der Weihnachtszeit hört man die weitverbreitete Ansicht, es sei sinnvoll, wenn man das viele Geld, das man im Laufe seines Lebens gesammelt hat, für einen guten Zweck ausgibt. So mancher spendet am Lebensende einen Teil seines Vermögens für gemeinnützige Zwecke. Viele Unternehmer versuchen durch eine Stiftung gigantischen Ausmaßes ihr Lebenswerk zu krönen. Die Sinnhaftigkeit solch spendabler Gesten jedoch sollte man durchaus mal hinterfragen, zumindest wenn die Art und Weise, wie das Vermögen erwirtschaftet wurde, nicht dem Zwecke der Menschlichkeit, sondern allein der Gewinnmaximierung gedient hat. Sonst könnte nach derselben Logik ein Bankräuber, der einen Teil seiner Beute einem Bettler schenkt, sich munter seiner Wohltätigkeit rühmen.

Im Regelfall denken die Menschen gar nicht darüber nach, wie und wozu sie ihr Geld «verdienen». Die meisten meinen irrtümlicherweise, sie bekämen das Geld als Gegenleistung für ihre Arbeit und es gäbe ein vernünftiges Verhältnis zwischen ihrer Arbeitsleistung und dem Lohn. Wer genauer hinsieht, wird schnell feststellen, dass die Sache sich nicht besonderes rational verhält. Warum sonst sollte jemand, der unbezahlt als Vater seine Kinder belehrt, Lohn bekommen, wenn er dasselbe als Lehrer tut? Warum bekommt eine Pflegerin für ihre Arbeit an fremden Menschen im Krankenhaus Geld, für dieselbe Arbeit zuhause an ihrer Verwandtschaft dagegen nicht? Dass Menschen in unterschiedlichen Kontexten unterschiedliches Einkommen beziehen, entspringt dabei keineswegs der Rechenkunst irgendeines vermeintlichen *homo oeconomicus*. Es ist eine Bewusstseinsfrage: Wenn ich zulasse, dass derjenige, der mein Auto pflegt, besser bezahlt wird als derjenige, der meine Mutter im Altersheim pflegt, dann ist das – anders als oftmals behauptet – keine Frage von Angebot und Nachfrage. Im Gegenteil: Sehr viel mehr Schulabsolventen wollen Automechaniker oder Mechatroniker lernen als Altenpfleger.

Angebot und Nachfrage sind quasi diametral entgegengesetzt zu Arbeit und Bezahlung. Außerdem bräuchte unsere Gesellschaft Kindergärtner und Altenpfleger sehr viel dringender als Automechaniker. Aber unsere Gesellschaft billigt den Menschen, die diese Arbeit verrichten, weniger Bezahlung zu. Im Grunde reine Willkür, unbedachte Gewohnheit. Es fehlt die bewusste Wertschätzung. Deswegen gestehen die Menschen demjenigen, der ihr Bankkonto führt, ein höheres Einkommen zu als dem, der ihr Kind erzieht – eine reine Bewusstseinsfrage!

«Unser Kopf ist rund, damit das Denken die Richtung wechseln kann», heißt ein berühmtes Zitat des Künstlers Francis Picabia. Wie wäre es mal mit diesem Richtungswechsel im Denken: Es ist nicht die Arbeit, die bezahlt wird, sondern der Mensch, damit er leben kann!

Indem wir jemandem Geld geben, ermöglichen wir ihm die Teilhabe an unserer arbeitsteiligen Gesellschaft – und nur deswegen kann er für uns tätig werden. Geld ist nicht der Lohn der Arbeit, sondern ihre Voraussetzung. Wir arbeiten eben nicht für uns selbst, sondern um die Bedürfnisse und Wünsche anderer Menschen zu erfüllen. Den Wert der Arbeit kann man auf verschiedene Weise berechnen – Geld ist nur eine und noch nicht mal eine besonders gute Methode, um den Wert darzustellen. Vor allem eine irreführende: Denn denkt man in Kategorien von Verlust und Gewinn, dann meint der eine, es gibt etwas zu verteilen, und der andere meint, er müsste jetzt in Sack und Asche gehen, weil sein Bereich weniger Gewinn oder gar Verlust macht. Aber das ist irreführend! Es kann durchaus gewollt oder sogar notwendig sein, dass man in bestimmte Bereiche investiert und mehr hineinsteckt, als man herausbekommt. Betrachtet man das Unternehmen als einen sozialen Organismus, sind Gewinn und Verlust zweitrangig. Der Unternehmer will ein gesellschaftliches Problem lösen, will für den Kunden einen Wert schaffen. Er braucht Mitstreiter – Kollegen –, die ihn dabei unterstützen. Sie alle müssen sich daran messen, wie viel Wert sie im Gesamtzusammenhang erstellen, welche Teamleistung sie bringen.

Es ist wie in einer arbeitsteilig funktionierenden Familie. Während der eine für die Entschuldung sorgt, indem er durch Arbeit für Einkommen sorgt, kann der andere für Nahrung sorgen, indem er Lebensmittel einkauft. Beide Arbeiten sind notwendig, sonst könnte die Familie nicht überleben. Die eine Arbeit trägt zur Verschuldung bei, die andere Arbeit zur Entschuldung. Beide Arbeiten sind unverzichtbar. Im angemessenen Rhythmus finden wir Möglichkeiten zur Entwicklung. Und das ist der eigentliche Sinn und Zweck all unseres Tuns.

Wenn wir die aktuellen Verhältnisse an den weltweiten Finanzmärkten betrachten, sollten wir die Chance erkennen, die in jeder Krise steckt. Krisen sind Bewusstseinskrisen. Am Finanzmarkt kann man derzeit gut erkennen, wohin es führt, wenn Menschen etwas inbrünstig wollen, was sie nicht denken können. Wir haben heute ein undurchdringliches Gewirr autonom gewordener Finanzmechanismen geschaffen, die niemand mehr mit Bewusstsein durchdringen kann. Keiner versteht das Ausmaß dieser Krise, sondern nur Teilaspekte. Das hat schwerwiegende Folgen, denn was wir nicht verstehen, können wir nicht gestalten. Was man nicht denken kann, kann man nicht wollen, und was man nicht will, kann man nicht tun.

Die meisten Menschen denken, «Gewinn» sei etwas Tolles. Davon könne man nicht genug haben. Unternehmen machen große Pressekonferenzen, in denen sie verkünden, um wieviel sie ihren Gewinn gesteigert haben. Ich sage: Wenn wir am Ende eines Jahres viel «Gewinn» gemacht haben, dann haben wir etwas falsch gemacht. Dann haben wir zu wenig investiert, also entweder zu wenig für den Kunden getan oder zu wenig für den Mitarbeiter.

Im Gegensatz zum Überfluss an Gütern erleben wir derzeit einen enormen Mangel im Sozialen – etwa in Erziehung, Bildung oder Pflege. Es geht darum, die «alte Arbeit» an der Natur von der «neuen Arbeit» am und für den Menschen bewusst zu unterscheiden. Bei der alten Arbeit geht es um Effizienz und Sparsamkeit. Hier ist die Aufgabe der Wirtschaft, Ressourcen einzusparen. Bei der Arbeit am und für den Menschen geht es nicht um Effizienz, sondern um mitmenschliche Zuwendung. Hier braucht es Großzügigkeit, ja Verschwendung. Diese Kulturarbeit lässt sich nicht messen. Wir müssen so viel wie möglich davon leisten.

In einem Unternehmen gibt neueste Produktionstechnik den Mitarbeitern den Freiraum, sich im Kundenkontakt den Menschen zuzuwenden. In unserer Gesellschaft würde das bedingungslose Grundeinkommen solchen Freiraum eröffnen. Es ermöglicht dann jedem Bürger ein menschenwürdiges Leben, damit jeder Einzelne die Arbeit ergreifen kann, die für ihn und seine Mitmenschen sinnstiftend ist. Ein Einkommen braucht der Mensch, um leben zu können. Arbeit braucht er, um sich entwickeln zu können. Nur in der Gemeinschaft kann er über sich hinauswachsen. Manche halten solche Gedanken für Firlefanz. Menschen wie Menschen zu behandeln, mag für viele nur der Spleen eines Verrückten sein. Ich bin der festen Überzeugung, dass Wirtschaft keinen anderen Zweck verfolgt: Miteinander füreinander tätig sein. Das ist für viele ein undenkbarer Gedanke.

Dummerweise fragen die Menschen im Alltag häufig nicht mehr nach dem Wozu, sondern nur noch nach dem Wie. *Know-how* statt *Know-why*. Während sie nach den neuesten Tricks und Kniffen suchen, um mehr Gewinn zu machen, vergessen sie darüber nachzudenken, was sie mit dem Geld, das sie auf diese Weise anhäufen, eigentlich tun wollen. Einen Bonus bekommt, wer das Geld in den Mittelpunkt stellt. Aber arbeitet wirklich jemand nur für Geld? Wer einen Moment innehält, wird zugeben, dass Geld kein Selbstzweck sein kann, sondern nur ein Mittel, um damit etwas anderes zu ermöglichen, nämlich dass – auch wenn es in den Hochglanzbroschüren der Unternehmen zur Phrase verkommen ist – in Wahrheit der Mensch im Mittelpunkt steht.

Bei *dm* wurde bereits 1982 ein Grundsatz formuliert, der bis heute verbindlich ist: «Wir wollen allen Mitarbeitern die Möglichkeit geben, gemeinsam voneinander zu lernen, einander als Menschen zu begegnen, die Individualität des anderen anzuerkennen, um die Voraussetzungen zu schaffen, sich selbst zu erkennen und entwickeln zu wollen und sich mit den gestellten Aufgaben verbinden zu können.» Solche Worte sind leichter gesagt als umgesetzt, das dürfte klar sein. In welcher Unternehmensbroschüre stehen nicht vergleichbare Sätze? Der Unterschied ist, dass bei *dm* diese Formulierungen nicht von einer schicken Werbeagentur, sondern von den Mitarbeitern selbst erarbeitet wurden. Wort für Wort. Und dass wir diesen Text immer als Vertragsgrundlage unseres Handelns und Tuns genommen haben.

Einander als Menschen begegnen: Wie geht das? Was heißt Menschsein? Die Individualität des anderen anerkennen: Wie schnell stößt das an Grenzen? Wollen wir die akzeptieren? Oder wollen wir sie überwinden? Sich selbst erkennen und entwickeln: Was genau muss ich da tun? Will ich das? Kann ich das? Es ist eine ständige Herausforderung für jeden von uns, die Eigentümlichkeit jedes Menschen anzuerkennen und die individuellen Wesenszüge des anderen wertzuschätzen. Es ist genauso eine Herausforderung, ein Unternehmen so zu gestalten, dass die zusammenarbeitenden Menschen Entwicklungsmöglichkeiten erhalten und ein Unternehmen als Gemeinschaft vorbildlich in seinem Umfeld wirkt.

Egal wie viele oder wie wenige Menschen in Unternehmen zusammenkommen: Dahinter stecken immer wieder Du und Ich. Diesen Dialog auf Augenhöhe jeden Tag aufs Neue zu eröffnen, das muss jeder Mensch lernen und trainieren. Die Möglichkeit, mitzuwirken und teilzuhaben, macht Spaß, erfordert aber auch ein aktives Mitdenken und Mitmachen. Jeder Mitarbeiter trägt ein Stück Verantwortung. Er muss lernen zu fragen, nicht nur wie, sondern auch wozu er arbeitet. Es ist die Gretchenfrage unserer Gesellschaft: Ist der Mensch Mittel oder Zweck? Für mich ist klar: Nichts auf der Welt wird gemacht, ohne dass der Mensch das Ziel ist. Leider ist das eine wenig verbreitete Ansicht in unserer Gesellschaft heute: Egal ob Sie Geschäftsberichte oder Wirtschaftszeitungen lesen – immer ist es genau andersherum.

Wird das Geld zum Zweck, entsteht menschliches Leid. Deswegen haben wir die ganzen Verwerfungen! Wird dagegen der Mensch zum Zweck, hat das Kapital eine dienende Funktion. Aus solcher Perspektive ist Wirtschaft nicht kalt, sondern menschlich und erwärmend. Es scheint so banal, ist aber offenbar verdammt schwer zu denken. Es gab Zeiten, da war undenkbar, dass die Erde eine Kugel ist. Heute gilt als verrückt, wer meint, er lebe auf einer Scheibe. Wer weiß, wie wir morgen über Geld und Arbeit denken: Ist es wirklich so undenkbar, dass Geld dem Menschen dienen könnte? Dass wir Arbeit tun, weil wir sie tun wollen, und nicht, weil wir sie tun müssen? Und dass das eine mit dem anderen nichts zu tun hat?

# Anhang

# Autorennotizen

Heinrich Alt, geboren 1950, war von 2002 bis 2015 Vorstandsmitglied der Bundesagentur für Arbeit.

Dieter Althaus, geboren 1958, war von 2003 bis 2009 Ministerpräsident des Freistaats Thüringen.

Jakob Augstein, geboren 1967, ist Verleger und Chefredakteur der Wochenzeitung *Der Freitag* sowie *Spiegel Online*-Kolumnist.

Daniel Binswanger, geboren 1969, ist Redakteur beim Schweizer *Tages-Anzeiger* und dessen wöchentlicher Gratisbeilage *Das Magazin*.

Norbert Blüm, geboren 1935, war von 1982 bis 1998 Bundesminister für Arbeit und Sozialordnung.

Anke Domscheit-Berg, geboren 1968, ist Unternehmens- und Karriereberaterin sowie Politikerin.

Katja Gentinetta, geboren 1968, war von 2006 bis 2011 Stellvertretende Direktorin des Think Tanks Avenir Suisse. Sie ist Politikphilosophin und -beraterin.

Adrienne Goehler, geboren 1955, war von 1989 bis 2001

Präsidentin der Hochschule für bildende Künste in Hamburg und von 2001 bis 2002 Senatorin für Wissenschaft, Forschung und Kultur des Landes Berlin, wo sie heute als Publizistin und Kuratorin lebt und arbeitet.

GREGOR GYSI, geboren 1948, war von 2005 bis 2015 Fraktionsvorsitzender der Linksfraktion im Bundestag.

RAINER HANK, geboren 1953, leitet seit 2001 die Wirtschafts- und Finanzredaktion der *Frankfurter Allgemeinen Sonntagszeitung*.

DANIEL HÄNI, geboren 1966, ist Unternehmer. Er ist Mitgründer des Basler Kultur- und Kaffeehauses *unternehmen mitte* sowie Mitinitiator der Schweizer Volksinitiative *Für ein bedingungsloses Grundeinkommen*.

OTFRIED HÖFFE, geboren 1943, ist Professor emeritus für Philosophie an der Eberhard Karls Universität Tübingen.

URS JAEGGI, geboren 1931, ist Soziologe, Schriftsteller und bildender Künstler. Er lehrte an der Universität Bern, der Ruhr-Universität Bochum, der New School for Social Research in New York sowie an der Freien Universität Berlin.

KATJA KIPPING, geboren 1978, ist seit 2012 gemeinsam mit Bernd Riexinger Parteivorsitzende der Linkspartei.

SASCHA LIEBERMANN, geboren 1967, ist Professor für Soziologie an der Alanus Hochschule für Kunst und Gesellschaft in Alfter sowie Mitgründer der Initiative *Freiheit statt Vollbeschäftigung*.

Wolf Lotter, geboren 1962, gründete 1999 mit anderen das Wirtschaftsmagazin *brand eins*, für das er seitdem regelmäßig schreibt.

Julian Nida-Rümelin, geboren 1960, lehrt seit 2004 Philosophie und politische Theorie an der Ludwig-Maximilians-Universität München, war von 2009 bis 2011 Präsident der Deutschen Gesellschaft für Philosophie und von 2001 bis 2002 Kulturstaatsminister.

Michael Opielka, geboren 1956, ist Professor für Sozialpolitik an der Ernst-Abbe-Fachhochschule Jena.

Timo Reuter, geboren 1984, lebt als Journalist und Autor von Tages- und Wochenzeitungen in Frankfurt am Main.

Frank Rieger, geboren 1971, ist einer der Sprecher des Chaos Computer Club (CCC).

Enno Schmidt, geboren 1958, ist Maler, Autor, Filmemacher sowie Mitinitiator der Schweizer Volksinitiative *Für ein bedingungsloses Grundeinkommen*.

Oswald Sigg, geboren 1944, war von 2005 bis 2009 Vizekanzler und Bundesratssprecher der Schweizerischen Eidgenossenschaft. Er ist Mitinitiator der Schweizer Volksinitiative *Für ein bedingungsloses Grundeinkommen*.

Ralf Stegner, geboren 1959, ist seit 2014 Stellvertretender Bundesvorsitzender der SPD.

Thomas Straubhaar, geboren 1957, ist Professor für Volkswirtschaftslehre an der Universität Hamburg und leitete von 2005 bis 2014 das Hamburgische Weltwirtschaftsinstitut (HWWI).

Hans-Christian Ströbele, geboren 1939, ist Rechtsanwalt und einziger Bundestagabgeordneter der Grünen, der ein Direktmandat erringen konnte.

Bernd Ulrich, geboren 1960, ist Stellvertretender Chefredakteur und Leiter des Politikressorts der Wochenzeitung *Die Zeit*.

Philippe Van Parijs, geboren 1951, ist Professor für Ökonomie und Sozialethik an der Université catholique de Louvain sowie für Philosophie an der Harvard University. Er ist Mitgründer des Basic Income Earth Network (BIEN).

Sahra Wagenknecht, geboren 1969, ist seit 2015 gemeinsam mit Dietmar Bartsch Fraktionsvorsitzende der Linksfraktion im Bundestag.

Harald Welzer, geboren 1958, ist Mitgründer und Direktor der gemeinnützigen Stiftung *FUTUR ZWEI* sowie Honorarprofessor für Transformationsdesign an der Europa-Universität Flensburg, wo er das Norbert Elias Center for Transformation Design and Research leitet.

Götz W. Werner, geboren 1944, ist Gründer und Aufsichtsrat von *dm-drogerie markt*. Er leitete von 2003 bis 2010 das Interfakultative Institut für Entrepreneurship am Karlsruher Institut für Technologie (KIT).

# Textnachweise

Heinrich Alts Text *Gegen die Menschenwürde* erschien zuerst in der *Süddeutschen Zeitung* (11. Januar 2017).

Dieter Althaus' Text *Mut zur Revolution* erschien zuerst in *Die Welt* (26. November 2007).

Jakob Augsteins Text *Fairness ist Zufall* erschien zuerst bei *Spiegel Online* (10. Februar 2011).

Daniel Binswangers Text *Frei von Arbeit?* erschien zuerst im *Magazin* (Nr. 20/2016).

Norbert Blüms Text *Wahnsinn mit Methode* erschien zuerst in *Die Zeit* (19. April 2007).

Anke Domscheit-Bergs Text *Anders arbeiten* erschien zuerst in der *taz* (28. Mai 2016).

Katja Gentinettas Text *Freiheit für alle – Verantwortung für alle anderen* erschien zuerst bei *philosophie.ch* (21. November 2014).

Adrienne Goehlers Text *Freiheit, Gleichheit, Grundeinkommen!* ist ein Originalbeitrag für diesen Band.

Gregor Gysis Text *Weder gleich noch gerecht* ist ein Originalbeitrag für diesen Band.

Rainer Hanks Text *Elend der Fülle* erschien zuerst in der *Frankfurter Allgemeinen Sonntagszeitung* (24. Januar 2016).

Daniel Hänis Text *Verantwortung vor!* ist ein Originalbeitrag für diesen Band.

Otfried Höffes Text *Arbeit für alle* ist ein Originalbeitrag für diesen Band.

Urs Jaeggis Text *Utopien realisieren* ist ein Originalbeitrag für diesen Band.

Katja Kippings Text *Teil der Lösung* ist ein Originalbeitrag für diesen Band.

Sascha Liebermanns Text *Demokratische Konsequenz* ist ein Originalbeitrag für diesen Band.

Wolf Lotters Text *Mehr Faulheit wagen!* erschien zuerst in *brand eins* (Nr. 8/2015).

Julian Nida-Rümelins Text *Spaltung der Gesellschaft* erschien zuerst in *Neue Gesellschaft/Frankfurter Hefte* (Nr. 7-8/2008).

Michael Opielkas Text *Gesellschaft für alle* ist ein Originalbeitrag für diesen Band.

Timo Reuters Text *Im Herzen des Liberalismus* ist ein Originalbeitrag für diesen Band.

Frank Riegers Text *Automatisierungsgewinn* erschien zuerst in *Neues Deutschland* (9. Juli 2016).

Enno Schmidts Text *Zeitgeist und Menschenbild* ist ein Originalbeitrag für diesen Band.

Oswald Siggs Text *Grundrecht der Zukunft* erschien zuerst in der *Neuen Zürcher Zeitung* (28. April 2016).

Ralf Stegners Text *Wider die menschliche Natur* ist ein Originalbeitrag für diesen Band.

Thomas Straubhaars Text *Neubau des Sozialstaats* erschien zuerst in *Die Welt* (17. Mai 2016).

Hans-Christian Ströbeles Text *Grundrechte lassen sich nicht kürzen* ist ein Originalbeitrag für diesen Band.

Bernd Ulrichs Text *Gesellschaftsvertrag wider die Angst* erschien zuerst in *Die Zeit* (2. Juni 2016).

Philippe Van Parijs' Text *Warum Linke sich nicht fürchten müssen* wurde aus dem Englischen von Christof Lammer übersetzt und erschien zuerst bei *socialeurope.eu* (11. April 2016).

Sahra Wagenknechts Text *Gute Arbeit* erschien zuerst in ihrem Buch *Reichtum ohne Gier* (Campus Verlag, Frankfurt am Main 2016).

Harald Welzers Text *Zeitenwende* erschien zuerst in seinem Buch *Selbst denken* (Fischer Verlag, Frankfurt am Main 2013).

Götz W. Werners Text *Ist der Mensch Mittel oder Zweck?* erschien zuerst im *Handelsblatt* (23. Dezember 2014).

# Literaturhinweise


Dieter Althaus, Hermann Binkert (Hrsg.): *Solidarisches Bürgergeld. Den Menschen trauen. Freiheit nachhaltig und ganzheitlich sichern*, Norderstedt 2010.

BIEN-Schweiz (Hrsg.): *Die Finanzierung eines bedingungslosen Grundeinkommens*, Zürich 2010.

Ronald Blaschke, Adeline Otto, Norbert Schepers (Hrsg.): *Grundeinkommen. Von der Idee zu einer europäischen politischen Bewegung*, Hamburg 2012.

Ronald Blaschke, Adeline Otto, Norbert Schepers (Hrsg.): *Grundeinkommen. Geschichte – Modelle – Debatten*, Berlin 2010.

Ronald Blaschke, Ina Praetorius, Antje Schrupp (Hrsg.): *Das bedingungslose Grundeinkommen. Feministische und postpatriarchale Perspektiven*, Sulzbach 2016.

Christian Blasge: *Idealtheorie und bedingungsloses Grundeinkommen. Konzept, Kritik und Entwicklung einer revolutionären Idee*, München 2016.

Martin Booms: *Ideal und Konzept des Grundeinkommens. Zur Struktur einer über sich selbst hinausweisenden Idee*, Karlsruhe 2010.

Michael Borchard (Hrsg.): *Das Solidarische Bürgergeld. Analysen einer Reformidee*, Stuttgart 2007.

Ilja Braun: *Grundeinkommen statt Urheberrecht? Zum kreativen Schaffen in der digitalen Welt*, Bielefeld 2014.

Michael Brenner: *Solidarisches Bürgergeld und Grundgesetz*, Baden-Baden 2011.

Kai Ehlers: *Grundeinkommen für alle. Sprungbrett in eine integrale Gesellschaft*, Dornach 2007.

Andreas Exner, Werner Rätz, Birgit Zenker (Hrsg.): *Grundeinkommen. Soziale Sicherung ohne Arbeit*, Wien 2007.

Heiner Flassbeck, Friederike Spiecker, Volker Meinhardt, Dieter Vesper: *Irrweg Grundeinkommen. Die große Umverteilung von unten nach oben muss beendet werden*, Frankfurt am Main 2012.

Manuel Franzmann (Hrsg.): *Bedingungsloses Grundeinkommen als Antwort auf die Krise der Arbeitsgesellschaft*, Weilerswist 2010.

Manfred Füllsack: *Leben ohne zu arbeiten? Zur Sozialtheorie des Grundeinkommens*, Berlin 2002.

Daniel Häni, Philip Kovce: *Was würdest du arbeiten, wenn für dein Einkommen gesorgt wäre? Manifest zum Grundeinkommen*, Salzburg 2017.

Daniel Häni, Philip Kovce: *Was fehlt, wenn alles da ist? Warum das bedingungslose Grundeinkommen die richtigen Fragen stellt*, Zürich 2015.

Jördis Heizmann: *Designing Society. Das bedingungslose Grundeinkommen als gesellschaftsgestaltendes Element*, Freiberg 2010.

Maik Hosang (Hrsg.): *Klimawandel und Grundeinkommen. Die nicht zufällige Gleichzeitigkeit beider Themen und ein sozialökologisches Experiment*, München 2008.

Dirk Jacobi, Wolfgang Strengmann-Kuhn (Hrsg.): *Wege zum Grundeinkommen*, Berlin 2012.

Sascha Liebermann: *Aus dem Geist der Demokratie: Bedingungsloses Grundeinkommen*, Frankfurt am Main 2015.

Sascha Liebermann: *Autonomie, Gemeinschaft, Initiative. Zur Bedingtheit eines bedingungslosen Grundeinkommens. Eine soziologische Rekonstruktion*, Karlsruhe 2010.

Paul Mackay, Ulrich Rösch (Hrsg.): *Grundeinkommen für jeden Menschen. Eine Herausforderung für Europa?*, Dornach 2007.

Christian Müller, Daniel Straub: *Die Befreiung der Schweiz. Über das bedingungslose Grundeinkommen*, Zürich 2012.

Christian Müller, Daniel Straub, Enno Schmidt: *Grundeinkommen von A bis Z. Dafür – Dagegen – Perspektiven*, Zürich 2016.

Netzwerk Grundeinkommen (Hrsg.): *Kleines ABC des bedingungslosen Grundeinkommens*, Neu-Ulm 2009.

Hartmut Neuendorff, Gerd Peter, Frieder O. Wolf (Hrsg.): *Arbeit und Freiheit im Widerspruch? Bedingungsloses Grundeinkommen – ein Modell im Meinungsstreit*, Hamburg 2009.

Frieder Neumann: *Gerechtigkeit und Grundeinkommen. Eine gerechtigkeitstheoretische Analyse ausgewählter Grundeinkommensmodelle*, Berlin 2009.

Michael Opielka, Matthias Müller, Tim Bendixen, Jesco Kreft: *Grundeinkommen und Werteorientierungen. Eine empirische Analyse*, Wiesbaden 2009.

Michael Opielka, Georg Vobruba (Hrsg.): *Das garantierte Grundeinkommen. Entwicklung und Perspektiven einer Forderung*, Frankfurt am Main 1986.

Rigmar Osterkamp (Hrsg.): *Auf dem Prüfstand: Ein bedingungsloses Grundeinkommen für Deutschland?*, Baden-Baden 2015.

Eric Patry: *Das bedingungslose Grundeinkommen in der Schweiz. Eine republikanische Perspektive*, Bern 2010.

Helmut Pelzer: *Das bedingungslose Grundeinkommen. Finanzierung und Realisierung nach dem mathematisch fundierten Transfergrenzen-Modell*, Stuttgart 2010.

André Presse: *Grundeinkommen. Idee und Vorschläge zu seiner Realisierung*, Karlsruhe 2010.

Timo Reuter: *Das bedingungslose Grundeinkommen als liberaler Entwurf. Philosophische Argumente für mehr Gerechtigkeit*, Wiesbaden 2016.

Ferdinand Rohrhirsch: *Zur Bedeutung des Menschenbildes in der Diskussion zu einem bedingungslosen Grundeinkommen. Philosophische und theologische Anmerkungen*, Karlsruhe 2009.

Hans Ruh: *Bedingungsloses Grundeinkommen: Anstiftung zu einer neuen Lebensform. Utopie oder Chance in einer Zeit des Umbruchs?*, Zürich 2016.

Ulrich Schachtschneider: *Freiheit, Gleichheit, Gelassenheit. Mit dem ökologischen Grundeinkommen aus der Wachstumsfalle*, München 2014.

Thomas Schmid (Hrsg.): *Befreiung von falscher Arbeit. Thesen zum garantierten Mindesteinkommen*, Berlin 1986.

Dorothee Schulte-Basta: *Ökonomische Nützlichkeit oder leistungsloser Selbstwert? Zur Kompatibilität von bedingungslosem Grundeinkommen und katholischer Soziallehre*, Freiberg 2010.

Thomas Straubhaar: *Radikal gerecht. Wie das bedingungslose Grundeinkommen den Sozialstaat revolutioniert*, Hamburg 2017.

Thomas Straubhaar (Hrsg.): *Bedingungsloses Grundeinkommen und Solidarisches Bürgergeld – mehr als sozialutopische Konzepte*, Hamburg 2008.

Yannick Vanderborght, Philippe Van Parijs: *Ein Grundeinkommen für alle? Geschichte und Zukunft eines radikalen Vorschlags*, Frankfurt am Main 2005.

Georg Vobruba: *Entkoppelung von Arbeit und Einkommen. Das Grundeinkommen in der Arbeitsgesellschaft*, Wiesbaden 2007.

Alrun Vogt: *Wirtschaft anders denken. Vom Freigeld bis zum Grundeinkommen*, München 2016.

Götz W. Werner, Wolfgang Eichhorn, Lothar Friedrich (Hrsg.): *Das Grundeinkommen. Würdigung – Wertungen – Wege*, Karlsruhe 2012.

Götz W. Werner, Adrienne Goehler: *1000 Euro für jeden. Freiheit, Gleichheit, Grundeinkommen*, Berlin 2010.

Götz W. Werner, André Presse (Hrsg.): *Grundeinkommen und Konsumsteuer. Impulse für «unternimm die zukunft»*, Karlsruhe 2007.

Götz W. Werner: *Einkommen für alle. Der dm-Chef über die Machbarkeit des bedingungslosen Grundeinkommens*, Köln 2007.

Götz W. Werner: *Ein Grund für die Zukunft: das Grundeinkommen. Interviews und Reaktionen*, Stuttgart 2006.